essentials

essentials liefern aktuelles Wissen in konzentrierter Form. Die Essenz dessen, worauf es als „State-of-the-Art" in der gegenwärtigen Fachdiskussion oder in der Praxis ankommt. *essentials* informieren schnell, unkompliziert und verständlich

- als Einführung in ein aktuelles Thema aus Ihrem Fachgebiet
- als Einstieg in ein für Sie noch unbekanntes Themenfeld
- als Einblick, um zum Thema mitreden zu können

Die Bücher in elektronischer und gedruckter Form bringen das Expertenwissen von Springer-Fachautoren kompakt zur Darstellung. Sie sind besonders für die Nutzung als eBook auf Tablet-PCs, eBook-Readern und Smartphones geeignet. *essentials:* Wissensbausteine aus den Wirtschafts-, Sozial- und Geisteswissenschaften, aus Technik und Naturwissenschaften sowie aus Medizin, Psychologie und Gesundheitsberufen. Von renommierten Autoren aller Springer-Verlagsmarken.

Weitere Bände in der Reihe http://www.springer.com/series/13088

Natalie Enders

Die klassische Frontalvorlesung im Diskurs

Evidenz aus der empirischen Lehr-Lernforschung

Natalie Enders
Institut für Psychologie
Universität Hildesheim
Hildesheim, Deutschland

ISSN 2197-6708   ISSN 2197-6716   (electronic)
essentials
ISBN 978-3-658-31611-2   ISBN 978-3-658-31612-9   (eBook)
https://doi.org/10.1007/978-3-658-31612-9

Die Deutsche Nationalbibliothek verzeichnet diese Publikation in der Deutschen Nationalbibliografie; detaillierte bibliografische Daten sind im Internet über http://dnb.d-nb.de abrufbar.

Planung/Lektorat: Joachim Coch
Springer ist ein Imprint der eingetragenen Gesellschaft Springer Fachmedien Wiesbaden GmbH und ist ein Teil von Springer Nature.
Die Anschrift der Gesellschaft ist: Abraham-Lincoln-Str. 46, 65189 Wiesbaden, Germany

Was Sie aus diesem *essential* mitnehmen können

Handlungsempfehlungen für den Einsatz von Vorlesungen; das Fundament für die eigene Meinungsbildung

Inhaltsverzeichnis

Vorab: Einige wichtige Grundbegriffe 1

1.1 Lernen

Der Begriff *Lernen* bezeichnet einen Prozess, der „überdauernde [...] Änderungen im Verhaltenspotenzial als Folge von Erfahrung" (Hasselhorn und Gold 2013, S. 37) bewirkt. Diese Veränderungen betreffen Wissen, Einstellungen, Emotionen und Motivation.

Das behavioristische, das kognitivistische und das konstruktivistische Paradigma liefern hierzu drei wichtige theoretische Perspektiven (Gräsel und Gniewosz 2011). Im *behavioristischen Paradigma* wird angenommen, dass Lernen durch die Bildung von Assoziationen zwischen Reizen und Reaktionen beziehungsweise zwischen Verhaltensweisen und ihren Konsequenzen zustande kommt. Da innerpsychische Denkprozesse im klassischen behavioristischen Ansatz jedoch nicht betrachtet werden (Gräsel 2015), sind diese Lernprinzipien nicht gut zur Erklärung des studentischen Wissenserwerbs in Vorlesungen geeignet (Berendt 2000).

Im *kognitiven Paradigma* wird Lernen als Informationsverarbeitungsprozess beschrieben, in dem die Verarbeitungsschritte der Aufnahme, der Speicherung und des Abrufs des Lerninhalts unterschieden werden (Gräsel 2015). Unter dieser Perspektive besteht die zentrale Aufgabe von Lehrenden darin, diejenigen Schritte zu identifizieren, die für erfolgreiches Lernen erforderlich sind, um sie dann mit geeigneten Lehrstrategien zu unterstützen (Berendt 2000; Gräsel und Gniewosz 2011; Renkl 2016).

Im *konstruktivistischen Paradigma* wird Lernen als aktiver und selbstgesteuerter Prozess der Wissenskonstruktion angesehen (Gräsel und Gniewosz 2011). Dabei wird betont, dass Studierende in Vorlesungen durch ihre individuellen Lernbiografien und Vorwissensstände selbst bei einer hohen

© Der/die Herausgeber bzw. der/die Autor(en), exklusiv lizenziert durch
Springer Fachmedien Wiesbaden GmbH, ein Teil von Springer Nature 2020
N. Enders, *Die klassische Frontalvorlesung im Diskurs*, essentials,
https://doi.org/10.1007/978-3-658-31612-9_1

Strukturiertheit des Lerngegenstands zu subjektiven Lernergebnissen gelangen. Demzufolge sollten individuelle Lernwege eröffnet und Methoden eingesetzt werden, über welche sich die Lernenden die Inhalte auf verschiedenen Weise selbständig erarbeiten und erschließen können (Siebert 2014).

1.2   Lernziele und Lernzieltaxonomien

Der deutsche Psychologe Franz Emanuel Weinert (2000) formulierte sechs fundamentale Lern- und Bildungsziele, die sich auf den Erwerb spezifischer Wissensformen, Qualifikationen und Kompetenzen beziehen:

1. *Intelligentes Wissen* geht über Faktenwissen hinaus und beinhaltet flexibel nutzbare Fähigkeiten und Fertigkeiten sowie metakognitive Kompetenzen.
2. *Anwendungsbezogenes Wissen und Können* befähigt dazu, Wissen und Fertigkeiten praktisch einzusetzen, um beispielsweise Problemstellungen zu lösen, die einen Transfer verlangen.
3. *Schlüsselqualifikationen* beinhalten konkrete Qualifikationen, wie zum Beispiel Medienkompetenz, und abstrakte Qualifikationen, wie zum Beispiel Autonomie oder Selbstmanagement.
4. *Lernkompetenzen* beschreiben die Befähigung von Lernenden, ihre eigenen Lernprozesse durch Planung, Überwachung und Bewertung selbst zu initiieren und aufrecht zu erhalten.
5. *Soziale Kompetenzen* umfassen Teamfähigkeit und Kooperationsfähigkeit.
6. *Wertorientierungen* bezeichnen kulturelle Regeln und universelle Normen, wie zum Beispiel Fairness und Gerechtigkeit.

Um die entsprechenden Ziele im Hochschulunterricht zu systematisieren und zu klassifizieren, werden *Lernzieltaxonomien* genutzt. Dabei werden drei Dimensionen unterschieden, auf welche die Ziele rekurrieren können (Brinker und Schumacher 2014): *Kognitive Ziele* (Wissen und Fähigkeiten), *affektive Ziele* (Einstellungen, Interessen und Werthaltungen) und *psychomotorische Ziele* (handlungspraktische Fähigkeiten und Fertigkeiten). Für jede dieser Zieldimensionen wurden Klassifikationssysteme entwickelt (vgl. Tab. 1.1), in denen diese hierarchisch nach ihrem immer schwieriger werdenden Anspruchsniveau aufgelistet sind. Lernzieltaxonomien werden verwendet, um Lehrveranstaltungen und Curricula zu planen, lehrzielorientierte Prüfungen zu konzipieren und das Lehrangebot hinsichtlich seines Anspruchsniveaus zu evaluieren (Klauer und Leutner 2012).

Tab. 1.1 Zieldimensionen didaktischen Handelns (adaptiert nach Enders und Aßmann 2016)

Kognitive Dimension (Anderson und Krathwohl 2001)	Affektive Dimension (Bloom et al. 1984)	Psychomotorische Dimension (Harrow 1972)
Erinnern Erinnern, definieren	**Aufnehmen** Auf ein Problem aufmerksam werden	**Reflexbewegungen** Grundbewegungen/Reflex-kombinationen, z. B. Gehen
Verstehen In eigenen Worten wieder-geben, beschreiben	**Reagieren** Beginnen, einen eignen Stand-punkt aufzubauen	**Wahrnehmungsfähig-keiten** Z. B. Gleichgewichtssinn
Anwenden Übertragen, neu strukturieren	**Werten** Bilden eigener Meinung; Suche nach Problemlösungen	**Physische Qualitäten** Z. B. Kraft, Ausdauer oder Beweglichkeit
Analysieren Klassifizieren, kontrastieren, vergleichen	**Wertordnung** Übernahme von Werten	**Geschicklichkeitsverhalten** Z. B. blindes Tippen eines Texts
Bewerten Einschätzen, entscheiden	**Bestimmtwerden** Weltanschauung und Werte-system entwickeln	**Nonverbale Kommunikation** Z. B. Pantomime
Generieren Entwickeln, erstellen		

1.3 Das Vorgehen in der empirischen Lehr-Lern-Forschung

Wissenschaftliche Erkenntnisse über gute Hochschullehre und ihre Bedingungen zu gewinnen ist Aufgabe der empirischen Bildungsforschung und erfolgt häufig im Kontext der psychologischen *Lehr-Lern-Forschung* (Gräsel und Gniewosz 2011; Spinath und Seifried 2018). Um entsprechende Untersuchungen konzipieren und ihre Ergebnisse bewerten zu können ist es notwendig zu definieren, was gute Lehre ausmacht. Dabei spielen sowohl die Ziele von Lehre und Hochschulbildung als auch die Indikatoren, die verwendeten werden, um das theoretische Konstrukt „gute Lehre" und ihre Ergebnisse zu beurteilen, eine Rolle (Berendt 2000; Spinath und Seifried 2018). Jedoch werden die verwendeten Kriterien im Verlauf des Diskurses fortwährend angepasst und verändert. Folglich fehlt bisher auch eine allgemein akzeptierte Definition davon, was gute Hochschullehre ist (Winteler und Forster 2007). Zur exemplarischen Betrachtung wird hier die Definition von Ulrich und Heckmann (2013) verwendet:

„Gute Hochschullehre umfasst die professionelle Vermittlung von Wissen, Fähigkeiten, Kompetenzen und Werten, insbesondere im Rahmen des jeweiligen Faches. Gute Hochschullehre nutzt zur ihrer stetigen Optimierung die Standards des Qualitätsmanagements und die neusten hochschuldidaktischen Forschungsergebnisse. Das Ziel guter Hochschullehre besteht letztendlich in der Ausbildung mündiger, kompetenter und wertgefestigter (Staats-)Bürger" (S. 4, zitiert nach Ulrich 2016, S. 16).

Die in dieser und anderen Definitionen enthaltenen Aspekte können in Studien unterschiedlich operationalisiert werden, weswegen es nicht leicht ist, einen Konsens für Ziel- und Effektivitätskriterien zu finden. Qualitativ hochwertige Studien erkennt man deswegen daran, dass sie mehrere Kriterien guter Lehre beinhalten, die zu Beantwortung einer konkreten Fragestellung theoretisch hergeleitet wurden (Spinath und Seifried 2018). In der empirischen Bildungsforschung wird die Effektivität von Lehrveranstaltungen am häufigsten anhand des Lernerfolgs bemessen, der über (standardisierte) Leistungstests erfasst wird (Schneider und Mustafić 2015), aber auch überfachliche Kompetenzen wie Selbstregulationsfähigkeit und Motivation werden über entsprechende Befragungsinstrumente erfasst (Spinath und Seifried 2018). Dabei werden die Erkenntnisse idealerweise über randomisierte Feldstudien mit Kontroll- oder zumindest Vergleichsgruppen gewonnen (Spinath und Seifried 2018; Winteler und Forster 2007).

Die Ergebnisse mehrerer Studien werden in systematischen Reviews oder Metaanalysen zusammengefasst (Pant 2014; Schneider und Mustafić 2015). Hierbei werden Effektstärken berechnet, um die Wirksamkeit didaktischer Maßnahmen zu vergleichen, und die praktische Bedeutsamkeit der Unterschiede zwischen den Lehrformen zu bemessen (Winteler und Forster 2007). Häufig wird dazu das Effektstärkemaß d (Cohen 1988) verwendet. Ab einem Betrag von $|d| = 0{,}20$ spricht man von einem kleinen Effekt, $|d| = 0{,}50$ von einem mittleren Effekt und $|d| = 0{,}80$ von einem großen Effekt. Werden zwei Lerngruppen beispielsweise mit den Methoden A und B unterrichtet und im Anschluss daran die durchschnittlichen Lernergebnisse der Gruppen miteinander verglichen, zeigt eine Effektstärke von 1 an, dass rund 84 % der Lernenden in Gruppe B ein Lernergebnis erreichen, das mindestens genauso gut oder besser ist wie das durchschnittliche Lernergebnis der Lernenden in Gruppe A (Schneider und Mustafić 2015; Winteler und Forster 2007).

Charakteristika und Ziele von Vorlesungen 2

Mit dem Begriff *Vorlesung* wird eine Form des Lehrens bezeichnet, in der Lerninhalte mündlich übermittelt werden. Dabei wird der Lernprozess von der vortragenden Person gelenkt, währenden die zentralen Aufgaben der Zuhörenden im Nachvollziehen, Verstehen, Bewerten und kritischen Hinterfragen des Vorgetragenen bestehen.

Klassisch gestaltete hochschulische Vorlesungen können den *darstellenden Lehrformen* (Hasselhorn und Gold 2013) zugeordnet werden. Zentrale Lehraktivitäten von Dozierenden sind das Erklären, Vorführen und Anleiten der studentischen Lernprozesse (Hasselhorn und Gold 2013; Reinmann im Druck). Die hoch ausgeprägte Lenkungskomponente ist somit ein definierendes Merkmal des Veranstaltungsformats.

Bligh (2000) definiert Vorlesungen als „more or less continuous expositions by a speaker who wants the audience to learn something" (S. 4). Dies stellt den Vortragscharakter als weiteres zentrales Merkmal von Vorlesungen heraus (Apel 1999a; Gerhard et al. 2015; Webler 2013a). Die Bezeichnungen als „akademischer Fachvortrag" (Webler 2013a, S. 83) oder als eine „Sonderform des wissenschaftlichen Vortrags" (Reinmann im Druck, o. S.) kennzeichnen seinen akademischen Kontext. Wenngleich Vorlesungen üblicherweise wöchentlich für die Dauer eines Semesters abgehalten werden, werden auch Einzelvorträge oder kürzere Veranstaltungssequenzen als Vorlesung bezeichnet (Apel 1999b; Reinmann im Druck).

Obwohl das Lehrformat aus ökonomischen Gründen oftmals gezielt für große Gruppen eingesetzt wird, stellt die Gruppengröße kein notwendiges Kriterium für das Vorliegen einer Vorlesung dar. Zum einen kann dozentengelenkte vortragsartige Lehre auch mit einer kleinen Gruppe von Lernenden umgesetzt werden. Zum anderen halten für Veranstaltungen mit hohem Teil-

N. Enders, *Die klassische Frontalvorlesung im Diskurs*, essentials, https://doi.org/10.1007/978-3-658-31612-9_2

nehmer/innen/aufkommen immer mehr methodische Arrangements Einzug in die Hochschullehre, die dem Bestreben folgen, die charakteristischen Merkmale der dozentengesteuerten mündlichen Vermittlung aufzulösen. Letztere sollten streng genommen nicht als Vorlesung bezeichnet werden, da sie die Merkmale der dozentenseitigen Lenkung und des Vortragscharakters nicht erfüllen.

Das zentrale Ziel darstellender Lehre besteht in der „Entwicklung von Verständnis und Anwendung im Bereich des Fakten- und Strukturwissens" (Wiechmann 2011, S. 26), weswegen Vorlesungen in erster Linie der Informationsübermittlung dienen (Bligh 2000). Oftmals haben sie die „Grundfragen der Disziplin" (Apel 1999b, S. 12) zum Gegenstand; es werden aber auch „neu zusammengestellte oder selbst gewonnene Erkenntnisse" (Webler 2013a, S. 83) behandelt. Daher bilden der bedeutungshaltige Wissenserwerb und das Erlagen eines tieferen Verständnisses der Lerninhalte die zentralen Zieldimensionen (Renkl 2015), die den ersten drei Stufen (*Erinnern, Verstehen* und *Anwenden*) der kognitiven Lernzieldimension nach Anderson und Krathwohl (2001) zugeordnet werden können.

Eine „hierarchische, durch Schemata geordnete Wissensstruktur" (Renkl 2016, S. 738) ist für das Lösen von Problemen im Sinne der Wissensanwendung von zentraler Bedeutung. Daher sollen Studierende in Vorlesungen nicht nur Fakten auswendig lernen, sondern ihr Wissen mit Beispielen anreichern, es ausdifferenzieren, vernetzen, organisieren und abstrahieren (ebenda). Dies geschieht über das Beurteilen und kritischen Hinterfragen des Vorgetragenen, das ein Problembewusstsein erzeugt und zum Nach- und Weiterdenken anregt (Apel 1999b). Ferner schließt es das Erlernen wissenschaftlicher Methoden ein, die in Vorlesungen in Form von prozeduralem Wissen vermittelt werden (Webler 2013b). Allerdings erfordert die Ausbildung der korrespondierenden psychomotorischen Fähigkeiten praktische Übungen, die traditioneller Weise nicht in Vorlesungen, sondern im anderen Veranstaltungsformaten eingeübt werden. Daher wird angenommen, dass sich Vorlesungen nicht zur Aneignung *psychomotorischer Lernziele* (Bligh 2000) eignen.

Ein überfachliches Lernziel, das eine zentrale Voraussetzung für diese kognitiven Prozesse bildet, stellt die Fähigkeit zum Zuhören dar. Durch die Fokussierung der Aufmerksamkeit sowie das Herstellen und Aufrechterhalten der Lernmotivation erfordert sie eine hohe Selbstdisziplin (Apel 1999b; Webler 2013b). In diesem Zusammenhang benennen Webler (2013b) und Renkl (2016) die Ausbildung von Metakognition und den Erwerb von Lernstrategien als weitere Ziele, die Lernenden dabei helfen zu erkennen, ob der Stoff tatsächlich verstanden wurde, oder ob sie „Verständnisillusionen" (Renkl 2016, S. 740) unterliegen.

Hinsichtlich der Möglichkeit zur Erreichung affektiver Ziele wie Einstellung, Werthaltungen und Interessen (Bloom et al. 1984) über Vorlesungen besteht kein Konsens. Zwar können Hasselhorn und Gold (2013) zufolge „die Kernelemente der direkten Instruktion wirksamer zur Erreichung kognitiver Lehrziele eingesetzt werden als zur Erreichung sozialer, affektiver oder emanzipatorischer Ziele" (S. 267) und auch Bligh (2000) sieht sie zur Erreichung affektiver Ziele ungeeignet. Im Gegensatz dazu argumentiert (Webler 2013b), dass Vorlesungen wichtige Beiträge zur Ausprägung von Einstellungen und Werthaltungen liefern.

Die zentralen Kritikpunkte an Vorlesungen

3

3.1 Vorlesungen sind nicht lernwirksam

Als Belege für die geringe Lernwirksamkeit von Vorlesungen werden schlechte Behaltensleistungen (Kozma et al. 1987, zitiert nach Bland, Saunders und Kreps Frisch 2007), hohe Vergessensraten (Dubs 2019) und wenig nachhaltige Lerneffekte angeführt (Dubs 2006; Glowalla 2008). Zur Prüfung entsprechender Argumentationslinien stellte Bligh (2000) Untersuchungen zusammen, in denen die Effektivität von Vorlesungen unter der differenzierten Betrachtung unterschiedlicher Lernzieldimensionen mit der anderer Lehrformate verglichen wird. Insgesamt zeichnet dieses Literaturreview für das Ziel des Wissenserwerbs ein positives Bild von Vorlesungen. Im Vergleich mit anderen Lehrmethoden (z. B. diskussionsbasierte Formate, Einzelarbeit, Projektarbeit und E-Learning) eignen sie sich mindestens genauso gut oder besser zur Wissensvermittlung. Ihre Grenzen bestehen jedoch darin, das Verständnis für komplexe Sachverhalte zu wecken, anwendungsbezogene Fähigkeiten und Fertigkeiten zu vermitteln, Einstellungen zu verändern, fachliches Interesse zu erzeugen sowie soziale Fähigkeiten auszubilden.

Allerdings beruht Blighs Analyse ausschließlich auf Häufigkeitsauszählungen signifikanter beziehungsweise nicht-signifikanter Ergebnisse; Effektstärkemaße wurden nicht berechnet (Gerhard et al. 2015). Diese methodische Schwäche versucht eine bisher unveröffentlichte Metaanalyse (Flaig et al. 2019a, b)[1]

---

[1]Die Vortragsfolien wurden der Autorin auf eine persönliche Anfrage hin zur Verfügung gestellt, sodass die Ergebnisse in diese Arbeit aufgenommen werden konnten. Ein herzlicher Dank dafür geht an dieser Stelle an das gesamte Forschungsteam.

zu kompensieren, zu deren Erstellung die Ergebnisse von $N = 67$ englischsprachigen empirischen Studien zusammengefasst und 408 Effektstärken analysiert wurden. Dabei wurden die Ergebnisvariablen in Anlehnung an Blighs (2000) Vorgehen hinsichtlich verschiedener Lernzieldimensionen unterschieden. Auch hier zeigt sich, dass Vorlesungen ebenso gut wie andere Veranstaltungsformate geeignet sind, um deklaratives Wissen zu übermitteln ($d = -0{,}04$). Zur Erreichung prozeduralen Wissens ($d = -0{,}53$) und nicht-kognitiver Lernziele wie Motivation, Interesse und Selbstwirksamkeitserwartungen ($d = -0{,}23$) eignen sie sich jedoch weniger gut als andere Formate. Auch wenn die Studierenden in Lehrevaluationen selbst dazu angehalten werden, Vorlesungen zu bewerteten, zeigt sich kein Unterschied zu anderen Lehrveranstaltungsformaten ($d = -0{,}16$). Allerdings streuen die Effekte in den $n = 15$ in die Auswertung eingeschlossenen Studien sehr breit, was darauf hinweist, dass auf der Ebene einzelner Veranstaltungen merkliche Unterschiede in den studentischen Urteilen bestehen.

3.2 In Vorlesungen bestehen Aufmerksamkeits- und Konzentrationsprobleme

Oft wird behauptet, Studierende könnten ihre Aufmerksamkeit nicht über die gesamte Zeit einer Vorlesung hinweg aufrechterhalten und würden überfordert, wenn sie zugleich zuhören, Wichtiges von Unwichtigem trennen und mitschreiben müssten (Dubs 2019). Insbesondere in der Ratgeberliteratur finden sich pauschale Aussagen dazu, dass die Aufmerksamkeit in Vorlesungen innerhalb der ersten Viertelstunde rapide absinke oder dass nur 20 % des über Zuhören Gelernten behalten werden könnte (z. B. in Brinker und Schumacher 2014, S. 65). Um dies zu prüfen, sichteten Wilson und Korn (2007) sowie Bradbury (2016) Studien, welche die Aufmerksamkeit der Studierenden in Vorlesungen zum Gegenstand hatten, und stellten fest, dass es sich bei einem wesentlichen Anteil gar nicht um empirische Untersuchungen, sondern um Sekundärquellen oder um auf persönlichen Beobachtungen basierende subjektive Einschätzungen von Aufmerksamkeitsverläufen handelte. In den verbleibenden Studien wurden teilweise fragwürdige Indikatoren als Indikatoren studentischer Aufmerksamkeit (zum Beispiel die Anzahl angefertigter Notizen) verwendet. In Studien, in denen die Aufmerksamkeit der Studierenden über ihre Behaltensleistung operationalisiert wurde, finden sich keine Unterschiede für unterschiedliche Zeitpunkte der Präsentation im Vorlesungsverlauf.

Valide empirische Belege für ein Absinken der Aufmerksamkeit innerhalb der ersten 10 bis 15 Vorlesungsminuten existieren demzufolge bis dato also nicht.

Stattdessen kann davon ausgegangen werden, dass für das Lernen in Vorlesungen allgemeingültige gedächtnispsychologische Gesetzmäßigkeiten (zum Beispiel in Hasselhorn und Gold 2013, Kap. 2) greifen. Dabei kann die Aufmerksamkeitsspanne nicht pauschal definiert werden. Da die Informationsverarbeitung beim Hören einer Vorlesung einer langen Arbeitsgedächtnisaufgabe gleicht, ist auch die individuelle Arbeitsgedächtniskapazität der Lernenden ausschlaggebend dafür, wie lange die Studierenden einer Vorlesung folgen können (Wilson und Korn 2007). Ferner hängt sie von inhaltlichen und didaktischen Gestaltungsaspekten und Störeinflüssen sowie der Motivation und Volition der Lernenden ab und ist daher mit didaktischen Maßnahmen beeinflussbar (Gerhard et al. 2015; Wilson und Korn 2007). Dabei muss bedacht werden, dass die Informationsdichte in Vorlesungen im Vergleich mit anderen Veranstaltungsformaten recht hoch ist (Flaig et al. 2019b). Dies führt dazu, dass das Arbeitsgedächtnis der besonders dann einer zusätzlichen Belastung ausgesetzt ist, wenn ihnen nicht ausreichend Zeit für ihre individuelle Informationsverarbeitung gelassen wird (Rummler 2014b). Dem kann entgegengewirkt werden, indem die Informationsdichte bewusst verringert wird, indem zum Beispiel langsamer gesprochen oder in der selben Zeit weniger Inhalte präsentiert werden.

3.3   In Vorlesungen findet kein aktives Lernen statt

Gerne werden Lehrformen nach dem Grad der aus ihnen resultierenden studentischen Aktivierung unterschieden. Beispielsweise postulieren Brinker und Schumacher (2014) ein Kontinuum mit den Kontrastpolen *darbietend* vs. *aktivierend Lehren*. Das Grundverständnis darbietender Lehre, der auch die traditionell gestaltete Frontalvorlesung zugeordnet wird, besteht dabei im „Darstellen, Erläutern und Veranschaulichen" (Brinker und Schumacher 2014, S. 57) der Lerninhalte durch eine Lehrperson (vgl. auch Kap. 2). Im Gegensatz kennzeichnet aktivierende Lehre, dass sich Lernende Wissensinhalte selbständig ver- und erarbeiten.

Diese und andere Systematisierungen von Lehrmethoden legen eine Wertkomponente zu Gunsten der aktivierenden Methoden nahe, indem sie suggerieren, dass mit darbietender Lehre lediglich ein Minimum an studentischer Aktivierung erreicht werden kann. Manchmal wird auch versucht, durch den Grad der Aktivierung direkte Schlüsse auf die potenzielle Behaltensleistung zu ziehen (Foppa, zitiert nach Brinker und Schumacher 2014) und es werden didaktische Empfehlungen abgeleitet, aktivierende Methoden in die klassische Vorlesung zu integrieren um den dozentengelenkten Vortrag phasenweise aufzulockern oder ihn vollständig zu ersetzten (Dubs 2019; Prince 2004; Rummler 2014b).

Allerdings wird vor einer pauschalen Einteilung von Lehrformaten in aktivierende und nicht aktivierende Formen gewarnt (Renkl 2015), da von der äußerlich beobachtbaren Sichtstruktur einer Lehrveranstaltung (z. B. dem Redeanteil von Lehrenden und Lernenden oder der Beteiligung an Gruppenarbeiten) nicht direkt auf die kognitive Aktivität der Lernenden im Sinne ihrer Verstehensprozesse und Verarbeitungstiefe geschlossen werden darf (Gerhard et al. 2015). In Vorlesungen bestehen die zentralen Aufgaben der Lernenden darin, Gedankengängen aufmerksam zu folgen und Informationen zu selektieren und diese – idealerweise in eigenen Worten – zu verschriftlichen (Bligh 2000). Dieses entspricht aus lerntheoretischer Perspektive unter Anwendung des kognitiven Paradigmas (vgl. Abschn. 1.1) Denkprozessen, über die neue Wissensstrukturen aufgebaut werden (Glowalla 2008; Webster 2015). Da unter dem Begriff Lernen per definitionem ein aktiver und konstruktiver Informationsverarbeitungsprozess verstanden wird (Armborst-Weihs et al. 2017b; Faulstich 2017; Renkl 2015), wird auch beim Nachvollziehen und Sortieren von Gedankengängen aktiv gelernt. Dies wird unter anderem daran ersichtlich, dass das Rezipieren von Vorlesungen mit Anstrengung verbunden ist und die Lernenden erschöpft (Glowalla 2008).

Im Gegensatz dazu wird im konstruktivistischen Paradigma Lernen empfohlen, Lernen durch aktives Tun zu begleiten. Vor der Annahme, dass Lernprozesse hoch individuell vonstattengehen und ihre Ergebnisse subjektiv verschieden sind, können nur durch eigene Konstruktionen von Wissen und Prozeduren qualitativ hochwertige und nachhaltige Lernergebnisse erzielt werden (Dubs 2019; Gräsel und Gniewosz 2011). Dies liefert eine theoretische Begründung für den Einsatz aktivierender Lehrmethoden, auf deren Basis Vorlesung durch ihre starke externe Steuerungskomponente und ihres rezeptiven Charakters als weniger lernförderlich eingestuft werden als andere Lehrmethoden. (Dennoch würden selbst Anhängerinnen und Anhänger des konstruktivistischen Paradigmas nicht direkt von der Verhaltensebene auf die kognitive Ebene schließen). Daher wird die Lernwirksamkeit klassischer Vorlesungen vor dem Hintergrund der theoretischen Annahmen des kognitiven und des konstruktivistischen Paradigmas unterschiedlich bewertet.

Um diese theoretischen Annahmen zu prüfen, werden klassisch und aktivierend gestaltete Vorlesungen in empirische Arbeiten miteinander verglichen. Beispielsweise erstellte Prince (2004) ein systematisches Review für die Ingenieurswissenschaften, in dem er den Einsatz aktivierender Methoden empfiehlt und diese Empfehlung in erster Linie mit der im zeitlichen Verlauf klassischer Vorlesungen abfallenden studentische Aufmerksamkeit begründet. Allerdings bezieht er sich dabei auf genau diejenigen Studien zur Aufmerksamkeitsspanne, deren Ergebnisse sich als unhaltbar erweisen (vgl. Abschn. 3.2). In dem kurzen Abschnitt seines Reviews, der sich explizit auf die Gestaltung von Vorlesungen bezieht (S. 3–4), führt der Autor (Prince 2004) zwei Studien an, in denen durch die Integration von Pausenzeiten die Behaltensleistung der Studierenden gesteigert werden konnte. Dabei werden jedoch keine Effektstärken, sondern nur Mittelwertunterschiede berichtet, weshalb die praktische Bedeutsamkeit der Ergebnisse schwer bewertet werden kann. Diejenigen Teile des Reviews, die sich auf die Integration interaktiver Methoden in die Lehre beziehen, behandeln Formen des kollaborativen, kooperativen und problembasierten Lernens, deren Effektivität für sich genommen vielfach empirisch belegt wurde. Es wurde jedoch kein Vergleich von interaktiv gestalteten Vorlesungen mit klassischen Vorlesungen vorgenommen, weswegen nicht abgeleitet werden darf, dass interaktiv gestaltete Vorlesungen klassisch gestalteten Vorlesungen grundsätzlich überlegen sind.

Im Gegensatz dazu nahmen Freeman et al. (2014) in ihre Metaanalyse zum studentischen Lernerfolg in MINT-Fächern ausschließlich $N = 225$ Studien auf, in denen tatsächlich klassisch gestaltete Vorlesungen mit interaktiven Vorlesungen verglichen wurden. Als Indikator für den Lernerfolg wurden die in Prüfungen erreichte Punktzahl ($N = 158$ Studien) oder die Durchfallquoten ($N = 67$ Studien) verwendet. Die durchschnittlich erreichte Punktzahl war in diesen Studien beim Einsatz aktivierender Methoden um 6 % höher als in klassischen Vorlesungen; die Durchfallquote war in klassisch gestalteten Vorlesungen 1,5 Mal so hoch wie in den aktivierenden Vorlesungen. Die zugehörige Effektstärke $g = 0,47$ liegt an der Grenze zu einem mittleren Effekt zu Gunsten der interaktiven Lehre.

Allerdings ist die interaktiv gestaltete Vorlesung der klassischen Variante in der jüngeren Metaanalyse der Trierer Arbeitsgruppe (Flaig et al. 2019a, b, vgl. Abschn. 3.1), in der keine Einschränkung auf bestimmte Fächer vorgenommen wurde, für keine der untersuchten Zieldimensionen (deklaratives Wissen, prozedurales Wissen und nicht-kognitive Lernziele) überlegen. Daher ist es nicht einfach, vor dem Hintergrund der vorliegenden Untersuchungsergebnisse Empfehlung hinsichtlich der Integration aktivierender Lehrmethoden in Vorlesungen auszusprechen. Gerhard et al. (2015) postulieren, dass die alleinige Integration interaktiver Elemente in Vorlesungen nicht zum Erfolg führt, wenn diese nicht sorgfältig vorbereitet, gegebenenfalls mehrfach erprobt und in einem iterativen Prozess nachverbessert werden. Vermutlich bergen insbesondere solche aktivierende Lehr-Lern-Szenarien ein hohes Potenzial, die didaktisch gut durchdacht sind und angemessen umgesetzt werden.

3.4   In Vorlesungen wird oberflächlich gelernt

Oftmals wird kritisiert, in Vorlesungen rezipierten die Studierenden einfach das, was vorgetragen wird, und beteiligten sich nur sehr selten durch eigene Wortbeiträge (Apel 1999b). Dadurch, dass die Lehrenden die Kommunikationssituation und den Informationsfluss kontrollieren, hätten die Zuhörenden kaum die Möglichkeit, die Art der präsentierten Informationen, den Informationsfluss oder seine Dichte selbst zu beeinflussen (Kozma et al. 1987, zitiert nach Bland et al. 2007) und es bliebe keine oder zu wenig Zeit für ihre eigene Gedanken (Apel 1999b). All dies führe zu oberflächlichem, wenig nachhaltigem Lernen.

In der *Theorie der Verarbeitungstiefe* (Craik und Lockhart 1972) wird Lernen als Informationsverarbeitungsprozess betrachtet, in dem Stimuli aufgenommen, analysiert und weiterverarbeitet werden, um eine dauerhafte Gedächtnisrepräsentation zu schaffen. Im Zuge des Informationsverarbeitungsprozesses für das Lernen in Vorlesungen relevant sind dabei in erster Linie auditive und visuelle Reize, die den Inhalt eines Vortrags repräsentieren. Die Art der Verarbeitung wird dadurch bestimmt, auf welche Art und Weise diese Reize analysiert und in das Gedächtnis eingespeichert werden. Hierbei werden verschiedene Verarbeitungsstufen unterschieden, die mit qualitativen Unterschieden im Lernprozess einhergehen. Frühe Stufen sind auf die oberflächliche Analyse sensorischer Eigenschaften (zum Beispiel die Lautstärke und die Tonhöhe des Gesprochenen) ausgerichtet. Erst mit zunehmender Verarbeitungstiefe werden die Lerninhalte einer kognitiven und/oder semantischen Analyse unterzogen, z. B. durch Abgleich mit bereits im Langzeitgedächtnis vorhandenen Einträgen und Prüfung des Bedeutungsgehalts der Stimuli.

Craik und Lockhart (1972) postulieren, dass sich als Resultat einer tieferen Verarbeitung stärkere und nachhaltigere Gedächtnisspuren ausbilden. Je stärker eine Gedächtnisspur ist, desto leichter kann die Information zu einem späteren Zeitpunkt erneut abgerufen werden (vgl. Gruber 2011), wodurch die Verarbeitungstiefe qualitative Unterschiede in den Lernergebnissen erklärt. Metaanalytische Untersuchungsergebnisse stützen diese These: Eine oberflächliche Herangehensweise an das Lernen (engl. *surface approach to learning;* Marton und Säljö 1984) hat einen negativen Effekt mittlerer Stärke auf den Lernerfolg im Studium (Schneider und Preckel 2017).

Folglich wird aus lernpsychologischer Sicht häufig bereits während der Informationsaufnahme eine möglichst gehaltvolle Auseinandersetzung mit neuen Inhalten empfohlen, um ein effektives und auf langfristiges Behalten ausgerichtetes Lernergebnis zu erreichen. In Vorlesung könnten sich Lernende dazu beispielsweise fragen, woher ihnen ein bestimmtes Konzept bereits bekannt vorkommt, inwieweit sie Analogien zu bereits bekannten Prinzipien sehen, was die zentralen Annahmen oder Thesen sind oder welche Struktur des Lerngegenstands zugrunde liegt. Eine Tiefenverarbeitung kann jedoch auch bei einer erneuten Beschäftigung mit dem Lernmaterial stattfinden und durch zusätzliche lernstrategische Prozesse ergänzt werden (Weinstein und Mayer 1986). All diese Denkprozesse sind anspruchsvoll: „Anschauen und Reflexion, Sehen und Interpretieren sind unterschiedliche kognitive Vorgänge, deren Zusammenhang nicht selbstverständlich ist" (Bender 2016, S. 692).

Die typische Lehr-Lern-Situation, die in klassischen Vorlesungen erzeugt wird, ist unter den Gesichtspunkt der Theorie der Verarbeitungstiefe (Craik und Lockhart 1972) nicht ideal, weshalb die Kritik ernst zu nehmen ist. Allerdings wird bei ihrer unreflektierten Annahme vernachlässigt, dass auch in anderen Lehrformaten nicht automatisch davon ausgegangen werden kann, dass Lernende zu einer Tiefenverarbeitung angeregt werden. So warnt Webster (2015) davor, eifriges Reden der Studierenden mit Tiefenlernen gleichzusetzen. Auch hier darf alleine anhand der Sichtstruktur der Veranstaltung nicht auf die zugrundeliegenden Lernprozesse geschlossen werden. Stattdessen muss Lehren grundsätzlich mit bewussten Überlegungen zur Förderung der aktiven Wissenskonstruktion der Lernenden und ihrer Unterstützung durch die Lehrenden verbunden werden (Renkl 2015). Tiefenverarbeitungsprozesse anzustoßen und zu unterstützen ist daher eine Frage der Didaktik und nicht des Lehrformats. Allerdings macht dies Vorlesungen nicht nur für Lernende, sondern auch für Lehrende zu einem anspruchsvollen Unterfangen.

Zudem wir häufig gar nicht hinterfragt, ob eine Tiefenverarbeitung zur Lernzielerreichung überhaupt erforderlich ist. Tiefenlernen geht gegenüber dem Oberflächenlernen mit einer vermehrten Investition von Zeit und Ressourcen einher. Beispielsweise argumentiert Ulrich (2016), dieser Aufwand sei nur dann gerechtfertigt, wenn ein umfassendes vertieftes Verständnis der Sachverhalte auch intendiert ist. Bestehe das Ziel hingegen im Aufbau von überblicksartigen Allgemeinwissen, sei Oberflächenlernen ausreichend. Diese Überlegung gewinnt dadurch an Bedeutung, wenn man bedenkt, dass Vorlesungen oftmals dazu dienen, Grundlagenwissen zu vermitteln, das anschließend in Seminaren und Übungen vertieft wird (Gerhard et al. 2015).

3.5 Vorlesungen reproduzieren veraltete Machtverhältnisse

Während Lehrenden die Vorlesung gestalten und die Lernprozesse anleiten, sollen die Zuhörerenden das Vorgetragene nachvollziehen und aufnehmen (Apel 1999a). Diese Rollenverteilung weckt Erwartungen, aber auch Vorbehalte. Dabei wird die Kritik, dass durch den Frontalunterricht ein autokratischer Erziehungsstil in den Unterricht Einzug einhält, der Gehorsam und Unterordnung lehrt (Wiechmann 2011), auf die universitäre Ausbildung übertragen (Dubs 2019), an der mündige Erwachsene teilnehmen, die sich aus freien Stücken für die Aufnahme einer Hochschulausbildung entschieden haben. Für die dozentengesteuerte Gestaltungsvariante darbietender Lehre in Vorlesungen wird geschlussfolgert, dass kritisches und unabhängiges Denken durch die soziale Situation im Hörsaal verhindert und veraltete Machtstrukturen reproduziert würden (Bland et al. 2007).

Nach Tausch und Tausch (1973) lassen sich Erziehungsstile auf den beiden Dimensionen *Lenkung* (minimal vs. maximal) und *emotionale Wärme* (emotionale Kälte vs. emotionale Wärme) verorten. Der für darbietende Lehre postulierte autokratische Erziehungsstil (Wiechmann 2011) ist durch ein hohes Maß an Lenkung bei einem zugleich hohen Maß an emotionaler Kälte gekennzeichnet. Allerdings können im Modell (Tausch und Tausch 1973) die beiden Dimensionen Lenkung und emotionalen Wärme unabhängig voneinander variiert werden. Deshalb darf durch die für Vorlesungen charakteristische hoch ausgeprägte Lenkung nicht unmittelbar auf emotionale Kälte rückgeschlossen werden.

Für die Hochschullehre lassen sich zwei grundlegende Lehrhaltungen unterscheiden, die in der *dozentenorientierten Informationsvermittlung* einerseits und der *studentenzentrierten Erleichterung des Lernens* andererseits gesehen werden (Winteler 2002b). Diese können unabhängig von dem Veranstaltungsformat oder der Sozialform, innerhalb derer sich der Unterricht vollzieht, verfolgt werden und dürfen nicht mit einer Lehrform gleichgesetzt werden. Dabei korrelieren die Lehrkonzeptionen, die bei Lehrenden vorherrschen, mit ihrem Lehrverhalten (Winteler 2002b). Zudem werden wechselseitige Beziehung zwischen den Lehrkonzeptionen der Dozierenden und den Lernkonzeptionen der Studierenden angenommen (Marton und Säljö 1984). Da Lehrkonzeptionen durch Trainings veränderbar sind, besteht in ihnen ein guter Ansatzpunkt für eine Verbesserung des Lehrens und Lernens auf beiden Seiten (Winteler 2002a). Allerdings brauchen diese Veränderungen Zeit, da sie sich nur langsam vollziehen. Sie werden unter anderem dadurch begünstigt, dass für die Expertiseentwicklung von Lehrenden eine natürliche Veränderung der Lehrkonzeptionen angenommen wird. Novizen, die am Beginn ihrer Berufstätigkeit stehen, konzentrieren sich naturgemäß stärker auf den Stoff und ihr eigenes Lehren. Mit fortschreitender Erfahrung in der Lehre werden dann Kapazitäten frei, die es ermöglichen, das studentische Lernen zunehmend in den Blick zu nehmen (Winteler 2002b). Daher kommt es auf das Selbstverständnis der Lehrenden an, die sich entweder als Fachexpertinnen und Experten betrachten können, deren Ziel darin besteht, mit dem Stoff durchzukommen, oder aber als Moderatorinnen und Moderatoren, die Wert auf die Verstehensprozesse der Studierenden legen (Webler 2013a).

Von Studierenden wird folglich nicht zwingend Hörigkeit verlangt, wenn ihre Lernprozesse von Dozierenden gelenkt werden und sie dazu aufgefordert werden zuzuhören. Zwar nehmen Lehrende und Lernende bestimmte Rollen ein, diese Rollen sind jedoch nicht automatisch mit einem autoritären Führungsstil oder einer egoistisch-narzisstischen Haltung der Lehrenden verbunden. Vielmehr können Lernprozesse durch Lehrende gelenkt werden und dabei zugleich auf die Bedürfnisse der Lernenden eingegangen werden.

3.6 Vorlesungen demotivieren Studierende

Motivation wird in der Psychologie als die innere Bereitschaft eines Individuums definiert, Verhaltensweisen zielgerichtet, ausdauernd und mit einer gewissen Intensität auszuführen (Brandstätter et al. 2013). Um *Lernmotivation* handelt es sich, wenn diese Verhaltensbereitschaft auf Lernaktivitäten ausgerichtet ist. Dabei wird angenommen, das eine hoch ausgeprägte Lernmotivation die Lernleistung bedeutsam beeinflusst (Schiefele und Schaffner 2011).

Im Kontext eines eigenverantwortlichen Studiums bestehen viele Freiräume, innerhalb derer motivationale Prozesse erklären, warum bestimmte Handlungen aufgenommen und andere unterlassen werden. Für Vorlesungen wird behauptet, dass eine Motivationsproblematik auf Seiten der Studierenden bestehe. Die Entstehung und Aufrechterhaltung der Lernmotivation würde dadurch behindert, dass kein persönlicher Bezug zwischen den Themen und den Lernenden hergestellt würde und die Inhalte nur selten in einen praktischen Zusammenhang eingebettet würden (Rummler 2014a). Als Beleg werden im Semesterverlauf schwindende Teilnehmendenzahlen angeführt (Dubs 2019).

Wie Abwägungsprozesse zwischen (mitunter konkurrierenden) Wahlmöglichkeiten die Lernmotivation beeinflussen, erklären *Erwartung-x-Wert-Modelle* (Urhahne 2008). In diesen Modellen beeinflusst das Produkt aus den subjektiven

Erwartungen, die mit der Wahl einer bestimmten Handlungsalternative verbunden sind, und dem subjektiv beigemessene Wert (= Anreiz) der jeweiligen Handlungskonsequenzen, welche Handlung aufgegriffen und verfolgt wird. Es wird immer diejenige Handlungsoption gewählt, für die das Produkt aus Erwartung und Wert in einer konkreten Situation am höchsten ist (Urhahne 2008).

Motivationsunterschiede zwischen Vorlesungen und anderen Veranstaltungsarten können über Erwartungs-x-Wert-Modelle erklärt werden, da die Erwartungen Studierender an verschiedene Veranstaltungsformate unterschiedliche sind und/oder sie ihnen nicht den gleichen Wert für ihr Vorankommen im Studium beimessen. In Befragungen zu Ursachen für das Fernbleiben von Vorlesungen führen Studierende beispielsweise unter den häufigsten Gründen die Argumente an, dass 1) ihre Abwesenheit keine negativen Konsequenzen habe und 2) die präsentierten Inhalte auch anderweitig verfügbar seien (Bochmann et al. 2019). Dies deutet darauf hin, dass im Vorlesungsbesuch vergleichsweise wenig Anreize bestehen. Allerdings entsprechen diese subjektiven Einschätzungen nicht der Realität, sondern offenbaren eine systematische Unterschätzung der negativen Konsequenzen des Fernbleibens (Bochmann et al. 2019), da die Abwesenheit von Lehrveranstaltungen de facto negativ mit den akademischen Leistungen korreliert (Schulmeister 2015).

Multiple Ziele des Studiums sowie die Studienstruktur können dazu beitragen, dass Vorlesungen im Gegensatz zu anderen Veranstaltungen niedrig priorisiert werden. Dies greift insbesondere dann, wenn der Vorlesungsbesuch mit fortschreitendem Semester zunehmend durch konkurrierenden Handlungsabsichten bedroht wird. Oftmals resultiert hieraus eine strategisch gehäufte Investition von Anstrengung in spezifische Veranstaltungen, sobald in diesen Studien- oder Prüfungsleistungen erbracht werden müssen. Die Gefahr, dass Vorlesungen in einer Hierarchie von verschiedenen Zielsetzungen niedrig priorisiert werden, wird dadurch vergrößert, dass die üblicherweise zur Leistungsüberprüfung verwendete Klausur erst am Semesterende geschrieben wird, das Fehlen einzelner Personen in der Regel nicht weiter auffällt und das Nacharbeiten der Inhalte im Selbststudium als eine Alternative zum Vorlesungsbesuch angesehen wird (Bochmann et al. 2019). Dadurch werden insbesondere in Veranstaltungen, in denen am Semesterende eine summative Leistungsmessung erfolgt, Misserfolge zu spät sichtbar, um noch darauf reagieren zu können.

Der Wert, den Studierende einer Lehrveranstaltung beimessen, kann unmittelbar durch die Studienstruktur und die Prüfungsgestaltung beeinflusst werden. So besteht einer der wichtigsten Gründe für den Vorlesungsbesuch darin, dass die Anwesenheit in der Veranstaltung für den Erwerb eines Leistungsnachweises notwendig ist (Bochmann et al. 2019). Nimmt eine Vorlesung nur wenig

Einfluss auf eine Modulnote, wird sie von den Studierenden niedriger priorisiert. Entsprechende studienstrategische Entscheidungen für oder gegen den Veranstaltungsbesuch können auch durch gute Lehre nicht kompensiert werden, da die Gruppe der abwesenden Studierende schwer oder gar nicht erreicht werden kann.

Veränderung der Lernmotivation im Semesterverlauf können ebenfalls durch Erwartung-x-Wert-Modelle erklärt werden. Seifried, Bosch und Spinath (2019)[2] konnten in Untersuchungen an Lehramtsstudierenden zeigen, dass diese zu Semesterbeginn im Durchschnitt hoch motiviert zum Vorlesungsbesuch sind. Da sie ein geringes Vorwissen aufweisen (Seifried & Spinath, in press), messen sie den Veranstaltungsinhalten einen hohen Wert für die spätere berufliche Praxis bei. Eine solche Ausgangslage erweist sich vor dem Hintergrund von Erwartungs-x-Wert-Theorien als besonders günstig. Allerdings sinkt die Lernmotivation im fortschreitenden Semester schnell und nimmt kurz vor Ende erneut ab (Seifried et al. 2019). Der Motivationsverlust zu Semesterbeginn ist bei Studierenden, deren Erwartungen an die Veranstaltung (z. B. hinsichtlich praktischer Tipps) enttäuscht werden, besonders hoch. Ein entsprechender Motivationsverlust führte in den untersuchten Veranstaltungen dazu, dass selbstgesetzte Studienziele von den Teilnehmenden schlechter erreicht wurden.

Eine zentrale Anforderung eines selbstregulierten Studiums besteht darin, die eigene Lernmotivation über die Zeit aufrechtzuerhalten und sie gegenüber konkurrierenden Störeinflüssen abzuschirmen (Landmann und Schmitz 2007). Zur Erklärung der erforderlichen Vorgänge können *Volitionsmodelle* hinzugezogen werden (Urhahne 2008). Laut Heckhausen und Gollwitzers (1987) Rubikonmodell der Handlungsphasen muss hierfür insbesondere die Phase betrachtet werden, die zwischen der Entscheidung für ein Handlungsziel und der Zielerreichung liegt. Gerade wenn ein Ziel nicht unmittelbar, sondern erst nach Ablauf mehrerer Wochen erworben werden kann, stellt diese Phase eine Herausforderung dar. Die Untersuchungen zu Motivationsverläufen (Seifried et al. 2019) und im Semesterverlauf schwindenden Anwesenheitszahlen (Bochmann et al. 2019) veranschaulichen, dass das eigenständige Aufrechterhalten der Volition eine große Herausforderung besteht. Ferner wirkt sich diese Fähigkeit wiederum darauf aus, wie konsequent selbstgesetzte Studienziele

---

[2]Da sich die zugehörige Publikation derzeit in Erstellung befindet, wurden die Folien eines kürzlich gehaltenen Fachvortrags der Autorin dieser Masterarbeit auf persönliche Anfrage hin zur Verfügung gestellt. Ein herzlicher Dank dafür geht an Eva Seifried und das Forschungsteam der Universität Heidelberg.

verfolgt werden (Seifried et al. 2019). Im Semesterverlauf ist daher die Fähigkeit zur Selbstregulation des eigenen Lernens erforderlich, um die Zielerreichung nicht zu gefährden. Hierzu gehört, die eigenen Lernhandlungen (z. B. den Veranstaltungsbesuch und die Selbstlernphase) zu planen, bei der Handlungsausführung Schwierigkeiten und Hindernisse zu überwältigen und abschließend nach Handlungsausführung eine Bewertung hinsichtlich der Qualität des Ergebnisses und der erbrachten Leistung vorzunehmen (Landmann und Schmitz 2007; Urhahne 2008).

Darüber hinaus können Theorien der intrinsischen Motivation zur Erklärung von Motivationsunterschieden zwischen Vorlesungen und anderen Veranstaltungsarten genutzt werden. Intrinsische Motivation ist darüber definiert, dass eine Handlung um ihrer selbst willen ausgeführt wird, während extrinsisch motiviertes Handeln durch die Handlungsfolgen veranlasst wird (Urhahne 2008). Damit stellt die intrinsische Lernmotivation die „erstrebenswerteste aller Lernformen" (ebenda, S. 157) dar. Es wird angenommen, dass eine hoch ausgeprägte intrinsische Motivation die Qualität sowie die Quantität des Lernens steigert (Renkl 2016).

Eine notwendige Voraussetzung dafür, dass intrinsische Motivation entstehen kann, besteht laut *Selbstbestimmungstheorie der Motivation* (Deci und Ryan 1993) darin, dass den drei Grundbedürfnisse nach Kompetenz, Autonomie und sozialer Eingebundenheit entsprochen wird. Jedoch sind in darbietender Lehre die Autonomie und die Selbstwirksamkeit der Lernenden eingeschränkt, da ihre Heterogenität kaum berücksichtigt wird (Wiechmann 2011). Auch Möglichkeiten der Selbst- und Mitbestimmung, zum Beispiel hinsichtlich individueller Interessen oder des Lerntempos, sind kaum vorhanden (Webler 2013a). Demgegenüber ist eine im Sinne von Brinker und Schumacher (2014) stärker mit aktivierenden Methoden gestaltete Lehre aus theoretischer Sicht besser geeignet, die Grundbedürfnisse nach Autonomie und Kompetenz zu erfüllen.

Hinsichtlich des Bedürfnisses nach sozialer Eingebundenheit bestehen für Vorlesungen gemischte Einschätzungen. Einerseits führen Studierende selbst soziale Kontakte als einen Grund für den Vorlesungsbesuch an (Bochmann et al. 2019), andererseits wird argumentiert, die Anonymität in der Massenuniversität würde insbesondere in Veranstaltungen mit hohen Teilnehmendenzahlen wie Vorlesungen das Wohlbefinden der Studierenden beeinträchtigen (Dubs 2006).

Auch die *Interessentheorie* (Krapp 1992) hilft beim Verständnis der intrinsischen Motivation Studierender. In dieser Theorie wird eine enge Wechselbeziehung zwischen Person und Lerngegenstand angenommen, die durch eine hohe wert- und gefühlbezogene Valenz gegenüber dem Lerngegenstand sowie durch die Selbstintentionalität im Zuge der Beschäftigung mit dem Lerninhalt entsteht. Diese Selbstintentionalität entspricht dabei dem intrinsischen Charakter des Lerngegenstands. Für darbietende Lehre wird einerseits behauptet, dass das gegenstandsspezifische Interesse der Lernende vor allem zu Vortragsbeginn niedrig ist (Wiechmann 2011) und sich Vorlesungen weniger gut als andere Veranstaltungsformate eignen, studentisches Interesse zu wecken und aufrecht zu erhalten (Bligh 2000). Andererseits geben Studierende wiederum an, dass ein hohes inhaltliches Interesse dazu führen würde, dass sie eine Vorlesung besuchen (Bochmann et al. 2019).

Alles in allem wird deutlich, dass die studentische Lernmotivation diversen Einflussfaktoren wie Affekten, Werten und Zielen unterliegt, weswegen die Motivation einzelner Studierender innerhalb einer Lerngruppe immer unterschiedlich ausgeprägt sein wird (Urhahne 2008). Es ist normal, dass im Verlauf der Zeit verschiedene Motivationstendenzen miteinander konkurrieren und zwischen der Handlungsalternative des Lernens und anderen Möglichkeiten abgewogen werden muss. Nicht immer gelingt es Studierenden, ihre Volition im Sinne des selbstregulierten Lernens (Landmann und Schmitz 2007) eigenständig im Semesterverlauf aufrechtzuhalten. Das Problem der Amotivation ist eine generelle Herausforderung von Lehre, da ein andauernder Prozess ist, der mitunter auch als langweilig empfunden wird (Urhahne 2008). Allerdings zeigen die bisherigen Ausführungen, dass Motivationsprobleme in Vorlesungen gegenüber Seminaren und Übungen durch einige Faktoren begünstigt werden. Daher besteht eine zentrale Aufgabe von Lehrenden darin, die motivationale Ausgangslage der Lernenden zu Beginn einer jeden Unterrichtssequenz zu prüfen und gegebenenfalls positiv zu beeinflussen (Klauer und Leutner 2012). Motivationstheorien stellen wertvolle Ansatzpunkte bereit, um entsprechenden Problemen auf didaktischer Ebene zu begegnen.

3.7 Vorlesungen können durch Onlinelehre und/oder Selbststudium ersetzt werden

Seit der Bologna-Reform wird das Selbststudium zunehmend in den Blick genommen, da ihm durch die in ECTS-Punkten bemessene studentische Arbeitslast bewusst ein Teil der studentischen Lernzeit zugerechnet wird (Europäische Gemeinschaft 2015). Folglich wird in der Studiengangs- und Curriculumgestaltung zunehmend auf den Ausbau der Selbstlernphase gesetzt (Voss 2002; Webster 2015). Allerdings ist die Ersetzung von Vorlesungen durch ein unangeleitetes Selbststudium nicht zu empfehlen, da es sehr hohe Ansprüche mit sich bringt. Empirische Untersuchungen belegen, dass Studierende das

Selbststudium unzureichend nutzen und sich mit dem selbstregulierten Lernen schwertun (vgl. Metzger 2011). Im Kontext der Frage nach der der adäquaten Begleitung der Studierenden im Selbststudium (Armborst-Weihs et al. 2017a; Gerholz 2017) wird daher auch der flankierende Einsatz von E- und Blended-Learning verstärkt diskutiert.

Mayrberger (2011) definiert *E-Learning* als „elektronisch unterstütztes Lehren und Lernen [...], das Bestandteil eines formalen, didaktischen Szenarios ist" (S. 148). Die erst in der jüngeren Zeit entstandenen zugehörigen technischen Innovationen wie das Internet werden in der Literatur auch als *neue Medien* bezeichnet (Steffens und Reiß 2009). Häufig ist mit E-Learning der Anspruch verbunden, dass Studierende hierüber besser lernen als über Präsenzlehre. So werden eine Steigerung der Lernmotivation, des Lernerfolgs und der Effizienz als Argumente für den Einsatz von E-Learning angeführt (Kerres et al. 2003). Kerres et al. (2003) entgegnen, dass hinsichtlich der Lernmotivation beim erstmaligen Einsatz von E-Learning-Technologien zwar ein Neuartigkeitseffekt vorhanden sei, dieser in der Regel jedoch nur kurz andauere. Ein paradoxer Effekt bestünde überdies darin, dass das Lernen mit neuen Medien entgegen der didaktischen Intentionen auch mit einer Anstrengungsminderung einhergehen könnte, wenn es als unterhaltsam und leicht erlebt wird. Die Begründung hierfür könnte in einer unzureichenden Anregung der Tiefenverarbeitung der Lerninhalte liegen. Daher sei die Hoffnung auf Lernmotivation alleine kein Grund für den Einsatz von E-Learning, aber selbstverständlich könne E-Learning – wie alle anderen Lehr-Lernszenarien auch – motivierend gestaltet werden.

Des Weiteren besteht die Idee, dass das Lernen mit Medien der Präsenzlehre grundsätzlich überlegen ist (Kerres et al. 2003). Allerdings betonen die Autoren (ebenda), dass der durchschnittliche Lernerfolg relativ unabhängig von dem gewählten Mediensystem und der eingesetzten Technologie ist, wodurch E-Learning alleine keinen Erfolg garantiere. Ein pauschaler Vorteil von E-Learning gegenüber der Präsenzlehre im Sinne eines „Multimedia-Effekts" ist nicht zu erwarten: In einer Metaanalyse zu den Einflussfaktoren auf den Studienerfolg wurde für den Einsatz von Online Learning im Vergleich zur Präsenzlehre kein Effekt ($d = 0{,}05$) gefunden (Schneider und Preckel 2017). Eine Untersuchung von Lehmann (2014) zeigt ebenfalls, dass es für den Lernerfolg Studierender keinen Unterschied macht, ob Vorlesungsinhalte im Hörsaal vorgetragen oder als Online-Aufzeichnung rezipiert werden. Jedoch konnte die Lernwirksamkeit des Veranstaltungsformats Vorlesung in dieser Studie unter beiden Präsentationsbedingungen (Hörsaal vs. Aufzeichnung) durch eine problemorientierte Gestaltung signifikant erhöht werden. Somit unterstreichen die empirischen Befunde die bereits in der oben angeführten E-Learning-Definition

(Mayrberger 2011) enthaltene Annahme, dass ein didaktisches Konzept erforderlich ist, um E-Learning fruchtbar zu gestalten.

Oftmals werden technische Innovationen in der Hochschullehre jedoch nicht ausreichend didaktisch reflektiert, sondern technologiegetrieben eingesetzt (Dubs 2019; Reinmann im Druck). Daher argumentieren einige Autoren, dass beim E-Learning mit dem Fernbleiben der Studierenden von der virtuellen Lehrveranstaltung und mit einer erhöhten Abbruchquote gerechnet werden muss (Kerres et al. 2003; Reinmann im Druck). Zudem wird ein Risiko in der sozialen Deprivation der Lernenden gesehen (Steffens und Reiß 2009). Dubs (2019) fasst daher vor dem Hintergrund vielfältiger Befunde zu E-Learning zusammen, dass es zur pauschalen Ersetzung herkömmlichen Lernens nicht geeignet ist.

Was die Steigerung der Effizienz betrifft, so führen Kerres et al. (2003) an, dass diese immer als das Verhältnis von Aufwand und Ergebnissen zu betrachten ist. Daher ist grundsätzlich erforderlich zu prüfen, ob mit einer Reduktion der Ausgaben durch die Implementation von E-Learning die Qualität der Lernergebnisse erhalten bleibt. Häufig wird vernachlässigt, dass die Umstellung auf E-Learning auch finanzielle Ressourcen beansprucht, welche sich nur langsam amortisieren, da eine IT-Infrastruktur bereitgestellt und regelmäßig gewartet werden muss. Die Effizienz wird daher vor allem dann gesteigert, wenn Support-Einrichtungen vorhanden sind und ein Veranstaltungsangebot über einen längeren Zeitraum hinweg eingesetzt werden kann.

Der Begriff *Blended Learning* (von engl. *to blend*, z. dt. *vermischen* oder *verschmelzen*) bezeichnet die Kombination von E-Learning und Präsenzlehre. Die Grundidee besteht darin, beide Lehrformen so miteinander zu verzahnen, dass durch einen Wechsel von einer Form des Lehrens zur anderen kein Bruch entsteht (Steffens und Reiß 2009). Hierüber sollen die Vorteile von Vorlesungen ausgenutzt und ihre Nachteile kompensiert werden (Dubs 2019). Vorteile des Blended Learning werden – ebenso wie für E-Learning – insbesondere in der raum-zeitlichen Entgrenzung des Lernens gesehen. Ferner haben die Lernenden vielfältige Einflussmöglichkeiten auf die Vorgehensweise beim Lernen, beispielsweise auf das Lerntempo, die Portionierung des Lernstoffs und Wiederholungsmöglichkeiten (Dubs 2019; Steffens und Reiß 2009). Diese Nachteile darbietender Lehre können sinnvoll durch Blended Learning kompensiert werden.

Die Vielfalt der Lernwege beim Blended Learning wird als Potenzial angesehen, stellt aber wiederum hohe Anforderungen an die Lernenden, die ihre Lernprozesse weitestgehend selbst regulieren müssen (Würffel 2017). Im Vergleich zu Lehre, die ausschließlich in Präsenz gestaltet wird, zeigt sich für den Einsatz von Blended Learning in einer Metaanalyse (Schneider und Preckel 2017) ein mittelgroßer Effekt ($d = .33$). Allerdings bezieht sich dieses Ergebnis auf sehr unterschiedliche Lehrformate, denn in den eingeschlossenen Studien wird der Vergleich nicht ausschließlich für Vorlesungen angestellt. Während Dubs (2019) die empirischen Erkenntnisse zur Wirksamkeit von Blended Learning aufgrund der vielfältigen Umsetzungsvarianten in der Lehre und den Forschungsstudien als schwer interpretierbar einstuft, empfiehlt Ulrich (2016), didaktisch sinnvoll eingesetztes Blended Learning reinem E-Learning vorzuziehen.

Der Mehrwert von Vorlesungen

4

4.1 Solide Vermittlung von deklarativem Wissen

Die bereits in Abschn. 3.1 beschriebenen Forschungsergebnisse zur Lernwirksamkeit von Vorlesungen (Bligh 2000; Flaig et al. 2019a, b) verdeutlichen, dass diese mindestens ebenso gut wie andere Veranstaltungsformate zur Ausbildung von deklarativem Wissen geeignet sind. Die zentrale Stärke des Veranstaltungsformats liegt somit darin, dass in ihm Grundlagen effektiv und ökonomisch vermittelt werden können. Hierüber wird zugleich sein Haupteinsatzbereich gekennzeichnet. Zudem zeigen die Ausführungen zur studentischen Motivation (Abschn. 3.6), dass über eine gut gemachte Vorlesung durchaus das Interesse der Studierenden für ein Thema geweckt werden kann (Dubs 2006; Glowalla 2008) und so die Lernmotivation günstig beeinflusst werden kann, sodass die Bereitschaft zur weiteren Beschäftigung mit den Inhalten erzeugt wird. Alles in allem dienen Vorlesungen daher dazu, das notwendige Fundament für eine vertiefende Beschäftigung mit den Lerninhalten zu legen (Dubs 2006).

4.2 Zuhören als Tugend

Das „effektive Zuhören" (Dubs 2006), das die „intellektuellen Präsenz" (Reinmann im Druck, o. S.) der Lernenden erfordert, stellt eine wichtige Gelingensbedingung akademischer Lehre dar. Häufig entsteht bei Lehrenden der Eindruck, ihre Studierenden verfügten nicht (mehr) über diese notwendige Voraussetzung eines Studiums (Schladebach 2019). Allerdings wurde in Abschn. 3.2 dargelegt, dass sich die weit verbreitete Behauptung, Lernende

N. Enders, *Die klassische Frontalvorlesung im Diskurs,* essentials, https://doi.org/10.1007/978-3-658-31612-9_4

könnten maximal 10–15 Minuten konzentriert zuhören, unter empirischen Gesichtspunkten als haltlos erweist.

In manchen Fällen liegt die Ursache für das benannte Problem sicherlich in den fehlenden didaktischen und rhetorischen Kompetenzen der Lehrenden und kann durch Aus- und Weiterbildung bearbeitet werden. Allerdings wird die Vorlesungsdebatte durch die Annahme, dass Aufmerksamkeits- und Konzentrationsproblemen nur in schlecht gemachten Vorträgen auftreten, verkürzt, und sträflich vernachlässigt, dass viele Vorträge gut gemacht sind (Apel 1999a). Treten die Probleme dennoch auf, kann dies auch daran liegen, dass die Studierenden die Fähigkeit zum Zuhören erst noch ausbilden und/oder trainieren müssen. Dies spricht dafür, die Fähigkeit des Zuhörens bewusst im Sinne einer Schlüsselqualifikation (Weinert 2000) als eine Ziel- und Ergebnisvariable von Hochschullehre zu betrachten. Zum Einüben dieser Fähigkeit bieten Vorlesungen im Gegensatz zu anderen Lehrformaten eine hervorragende Lerngelegenheit (Webler 2013a; Webster 2015). Webster (2015) bezeichnet daher das Zuhören daher ganz bewusst als anspruchsvoll zu erlernende Tugend. Der Autor (ebenda) sieht einen engen Zusammenhang zwischen dem kritischen Reflektieren eines Vortrags und der Fähigkeit zum eigenständigen Denken, die von angehenden Akademikerinnen und Akademikern im späteren Berufsleben zum Beispiel beim Lösen von Konflikten und in der Personalführung erwartet (Webler 2013b; Webster 2015).

4.3   Modellierung von Wissenschaftlichkeit und Expertise

Vorlesende demonstrieren im Zuge der Wissensvermittlung professionelle wissenschaftliche Vorgehens- und Verhaltensweisen und modellieren die zugehörigen Denk- und Problemlöseprozesse (Apel 1999a; Svinicki und McKeachie 2014; Webster 2015). Dabei fungieren sie als Modelle im Sinne der sozial-kognitiven Lerntheorie (Bandura 1976). In Vorlesungen erfolgt dieses Modellieren mit einem sehr persönlichen Bezug (Apel 1999a), weswegen auch die „Persönlichkeitswirkung" (Voss 2002, S. 4) der Vorlesenden betont wird. Diese ist in Banduras (1976) Theorie eine wichtige Voraussetzung dafür, dass ein Modell beachtet und Lernprozesse angestoßen werden, denn hierüber sind sie Rollenvorbilder für die Lernenden (Webler 2013b; Webster 2015). Dies steigert den Wert, der dem Modellverhalten beigemessen wird, und begünstig den Lernerfolg (Bandura 1976).

Der positive Effekt von Modellen wird beispielsweise immer dann ausgenutzt, wenn im Rahmen von Ringvorlesungen Fachvertreterinnen und -vertreter sowie und Expertinnen und Experten eingeladen werden, um zu bestimmten Themen zu sprechen. Hierdurch wird eine bewusste Verbindung von Personen und Fächern hergestellt (Webler 2013a). Durch das Erleben von Expertinnen und Experten in ihrem Fach wird ein emotionaler Bezug zum Thema und zur didaktischen Situation aufgebaut. Die Vortragenden repräsentieren dabei das wissenschaftliche Berufsfeld und das damit verbundene leidenschaftliche Erkenntnisstreben.

Oftmals wird argumentiert, dass Vorlesungsaufzeichnungen und/oder das Literaturstudium die Funktion von Präsenzveranstaltungen übernehmen könnten. Allerdings haben „live" gehaltene Vorlesungen den Vorteil, dass Lerninhalte über die sprachliche Vermittlung lebendiger und damit auch emotional geladener dargestellt werden können, als es über die Textlektüre (Apel 1999b; Webler 2013a; Webster 2015) oder Vorlesungsaufzeichnungen (Lehmann 2016) möglich ist. Für das emotionale Erleben eines Vortrags macht es einen bedeutsamen einen Unterschied, ob dieser mit anderen gemeinsam in einem Hörsaal oder alleine vor dem Bildschirm rezipiert wird (Bradbury 2016; Webster 2015). Denn obwohl der Redeanteil bei den Vortragenden liegt, kommunizieren Dozierende und Lernende in der realen Vortragssituation fortwährend über ihre Gesichtsausdrücke und Körpersprache miteinander. Hierdurch wird die resultierende soziale Situation einmalig und flüchtig und kann im Gegensatz zu einer Aufzeichnung nicht wiederholt oder reproduziert werden. Dementsprechend wird auch nur über die Teilnahme an einer Livevorlesung von den Lernenden diejenige Rezeptionshaltung eingefordert, die für diese Lehr-Lernsituation typisch ist (Lehmann 2016). Hierüber wird dem Lernen ein gemeinsamer Rahmen gegeben und es wird zu einem sozialen Ereignis wird, welches zur Sozialisation der Lernenden in der Hochschule beiträgt (Webler 2013a; Webster 2015).

4.4 Anregung zum Nachdenken und Reflektieren

In Vorlesungen werden nicht nur Inhalte vermittelt, sondern eine zentrale Zielsetzung besteht darin, „zum Widerspruch und zu Auseinandersetzung, also zum Denken" (Apel 1999b, S. 36) anzuregen. Hierdurch erfolgt eine Anregung der Lernenden zum eigenständigen Mit- und Weiterentwickeln der Gedanken (Apel 1999a; Bland et al. 2007).

Häufig wird kritisiert, dass sich Studierende in Vorlesungen in der Masse alleine und hilflos fühlen würden. Webster (2015) betrachtet dies jedoch als eine Stärke von Vorlesungen, da in der Erfahrung, auf sich selbst angewiesen zu sein und nicht über die gewohnten Möglichkeiten zum kommunikativen Austausch und zur Kooperation mit anderen zu verfügen, eine zentrale Herausforderung des akademischen Lernens liege. Diese Erfahrung ist nach Auffassung des Autors für die Anregung tiefer Denkprozesse essentiell: „In the lecture format students can be individualised in an existential sense and this can encourage deep, transformative thinking" (Webster 2015, S. 102).

Eine besondere Bedeutung kommt hierbei auch der Reflexion des eigenen Lernprozesses zu, die in der Psychologie als Metakognition bezeichnet wird (Hasselhorn 2010). Hierzu ist es erforderlich, dass die Studierenden ein Bewusstsein dafür entwickeln, wie ihr eigenes Lernen von statten geht und welche Strategien sie in Vorlesungen anwenden können, um ihre Lernaktivitäten zu steuern und zu unterstützen (Dubs 2006). Dazu gehört auch das Einüben von Strategien zur Aufmerksamkeitsfokussierung und zum Zuhören. Da jedoch nicht erwartet werden kann, dass die Auseinandersetzung mit geeigneten Lernstrategien sowie die Reflexion der Ursachen für Fehler und Scheitern bei den Studierenden von selbst entstehen, müssen lernstrategisch günstige kognitive und metakognitive Prozesse durch einen guten Vortrag angestoßen werden (Dubs 2006). Zwar ist das Argument, dass den Lernenden durch ein direktives instruktionales Vorgehen weniger Raum für eigene kognitive Aktivitäten gelassen wird, nicht von der Hand zu weisen, allerdings liegt es in der Natur der Lenkung, dass diese didaktisch dazu genutzt wird, um Lernenden zu vertiefenden Auseinandersetzungen anzuregen, die sie nicht unbedingt alleine und spontan vollziehen würden. In diesem Sinne fasst Apel (1999a) Vorlesungen als eine „didaktisch-rhetorische Situation" (S. 72) auf, die über unterschiedliche Vortragsformen an die Voraussetzungen des Publikums angepasst werden kann.

4.5 Plan- und Steuerbarkeit der Lehr-Lernsituation

Hochschullehrende sind durch ihre wissenschaftliche Tätigkeit häufig routiniert im Vorbereiten von Fachvorträgen, die auf Konferenzen ein gängiges Präsentationsformat darstellen. Im Einsatz verschiedener Lehrmethoden sind sie im Gegensatz dazu oft weniger geübt. Dies kommt auch dadurch zustande, dass nur ein geringer Anteil von ihnen eine didaktische Ausbildung durchlaufen oder sich während der wissenschaftlichen Laufbahn entsprechend weitergebildet hat (Fendler und Gläser-Zikuda 2013; Schladebach 2019; Schmidt 2007). Daher liegt ein weiterer Vorteil von Vorlesungen darin, dass sie durch die Lehrenden gut steuerbar und dadurch vergleichsweise einfach vorzubereiten sind (Flaig et al. 2019b). Zudem kommt eine hoch ausgeprägte dozentenseitige Lenkungskomponente dem Sicherheitsbedürfnis insbesondere unerfahrener Lehrender stärker entgegen als der Einsatz anderer Methoden (Gudjons 2007).

Allerdings befreit dieses Argument Lehrende nicht davon, sich didaktisch aus- und weiterzubilden.

4.6   Ökonomie des Veranstaltungsformats

Da in den letzten Jahren immer mehr Schulabsolventen an die Hochschulen drängen und diese Entwicklungen auch politisch unterstützt wurden, werden Vorlesungen häufig aus Kapazitätsgründen eingesetzt (Reinmann im Druck). Tatsächlich schneidet die Vorlesung im Vergleich zu anderen Veranstaltungsformaten in finanzieller Hinsicht sehr gut ab, da große Gruppen von Studierenden gleichzeitig unterrichtet werden können und dabei verhältnismäßig wenig Personal eingesetzt werden muss (Gerhard et al. 2015; Glowalla 2008; Schladebach 2019). Obwohl der Einsatz von E-Learning als Ersatz von Vorlesungen propagiert wird, dürfen die Kosten, welche durch die Beschaffung, Einrichtung und Wartung der IT-Infrastruktur verbunden sind, nicht unterschätzt werden (Dubs 2019; Kerres et al. 2003). Dies ist besonders dann der Fall, wenn diese erst aufgebaut werden muss und eine Veranstaltung nicht dauerhaft in das Curriculum integriert werden soll.

Ökonomische Argumente für Vorlesungen suggerieren, dass andere Lehrformen zu bevorzugen seien, wenn man es sich leisten könnte, und hat eine Abwertung von Vorlesungen zur Folge (Gudjons 2007). In der Konsequenz wird häufig versucht, den klassischen Vorlesungscharakter auch in Veranstaltungen mit großen Lerngruppen aufzulösen. Dies lässt sich noch recht einfach umsetzen, wenn sechzig bis einhundert Studierende an Veranstaltungen teilnehmen (z. B. in Hühne et al. 2010 oder Liebig 2010). Bei Großgruppenveranstaltungen mit mehreren Hundert Teilnehmenden wird es jedoch zunehmend unrealistisch. Unter diesen Umständen ist man mitunter darauf angewiesen, gute Lehre im Format einer klassischen Vorlesung zu gestalten.

Im Umkehrschluss bedeutet dies jedoch nicht, dass in jedem Einsatzbereich diese Veranstaltungsformate grundsätzlich besser umgesetzt werden oder besser zu den Lernzielen passen als eine Vorlesung. Denn in vielen Anwendungsfälle ist das Format Vorlesung gut geeignet, um die intendierten Lernziele zu erfüllen.

Fazit zur Vorlesungsdebatte 5

Die Auseinandersetzung mit den Argumenten gegen und für den Einsatz von Vorlesungen verdeutlicht, dass eine differenzierte Betrachtung der Kritikpunkte unabdinglich ist, um zu einem wohlbegründeten und wissenschaftlich fundierten Urteil zu gelangen. Die pauschale Behauptung, dass Vorlesungen nicht lernwirksam seien, hält den vorliegenden empirischen Erkenntnisse nicht stand (vgl. Abschn. 3.1). Stattdessen können in ihnen Lernziele der kognitiven Dimension mindestens gleich gut oder besser erfüllt werden als in anderen Veranstaltungsformaten, Ziele der affektiven und der psychomotorischen Dimensionen jedoch weniger gut. Diese Forschungsergebnisse bestätigen, dass die Funktion von Vorlesungen in erster Linie darin besteht, einen Überblick über neue Inhalte zu geben und deklaratives Wissen aufzubauen (vgl. Abschn. 4.1). Gerade in den unteren Semestern eines Studiengangs besteht ein hoher Bedarf an Veranstaltungen für große Lerngruppen, in denen Grundlagenwissen vermittelt wird. Dabei können Vorlesungen ökonomisch zum Wissensaufbau eingesetzt werden. Hierdurch werden dann wiederum in höheren Semestern, in denen die Studierenden ihr Wissen zunehmend anwenden sollen und dabei möglichst intensiv angeleitet und begleitet werden müssen, mehr Ressourcen durch einen höheren Betreuungsschlüssel der Lernenden frei (Dubs 2006).

Dennoch werden in Vorlesungen nicht ausschließlich Informationen übermittelt, sondern Studierende erhalten auch die Gelegenheit, Expertinnen und Experten beim Modellieren von Gedankengängen und Problemlöseprozessen zu folgen. Das konzentrierte nachvollziehende Zuhören stellt dabei eine wichtige Ziel- und Ergebnisvariable hochschulischen Lernens dar, regt zum eigenständigen Reflektieren an und trägt zur Enkulturation in die Universität und zur akademischen Sozialisation der Lernenden bei (vgl. Abschn. 4.2, 4.3 und 4.4). Dabei kann das Lernen der Studierenden jederzeit als aktiver Prozess bezeichnet

© Der/die Herausgeber bzw. der/die Autor(en), exklusiv lizenziert durch Springer Fachmedien Wiesbaden GmbH, ein Teil von Springer Nature 2020
N. Enders, *Die klassische Frontalvorlesung im Diskurs*, essentials,
https://doi.org/10.1007/978-3-658-31612-9_5

werden, auch wenn die korrespondierenden kognitiven Aktivitäten nicht immer äußerlich beobachtet werden können (vgl. Abschn. 3.3).

Für das häufig angeführte Argument, Lernende könnten einem Vortrag nicht länger als 10–15 Minuten aufmerksam folgen, existiert bis dato kein empirischer Beleg (vgl. Abschn. 3.2). Indem man Vorlesungen mit dem Argument, Studierende könnten sowieso nicht (so lange) zuhören, aus dem Curriculum streicht, spricht man ihnen die Möglichkeit zur Ausbildung einer wichtigen Fertigkeit ab und verkürzt zugleich den Ausbildungskanon der Hochschulen um eine wichtige Schlüsselkompetenz.

Eine Anregung von Tiefenverarbeitungsprozessen ist in didaktisch gut gemachten Vorlesungen ebenso möglich wie in anderen Lehrformaten (vgl. Abschn. 3.4). Da die Befundlage hinsichtlich der Vorteile des Einsatzes aktivierender Lehrmethoden in Vorlesungen durchmischt ist, erweist sich eine interaktive Gestaltung jedoch nicht zwingend effektiver als die klassische Vortragsvariante (vgl. Abschn. 3.3). Daher lässt sich bis dato nur festhalten, dass der Einsatz entsprechender Methoden nicht schadet, aber auch nicht in jedem Fall zum Erfolg führt.

Ebenfalls können in Vorlesungen die Lernmotivation und das Interesse Studierender grundsätzlich genauso geweckt werden wie in anderen Veranstaltungsformaten (vgl. Abschn. 3.6). Allerdings tritt das Problem des Fernbleibens von Lehrveranstaltungen in Vorlesungen gehäuft auf und ist daher ernst zu nehmen (vgl. Abschn. 3.6). Es sollte idealerweise bereits bei der Konzeption von Studiengängen und Modulen berücksichtigt werden, indem beispielsweise Vorlesungen didaktisch sinnvoll mit anderen Veranstaltungsformaten verzahnt werden oder Prüfungsformen zugelassen werden, die das selbstregulierte Lernen und das Aufrechterhalten der Motivation im Semesterverlauf unterstützen.

Ein weiterer Vorteil von Vorlesungen liegt darin, dass sie insbesondere für unerfahrene oder didaktisch wenig geschulte Lehrende gut plan- und steuerbar sind (vgl. Abschn. 4.5). Jedoch kann von einer hoch ausgeprägten Lenkungskomponente nicht auf emotionale Kälte und/oder Machtausübung vonseiten der Dozenten geschlossen werden (vgl. Abschn. 3.5). Stattdessen können auch Dozierende, die das Lernen stark vorstrukturieren, dabei lernendenzentriert unterrichten.

Der Einsatz von E- und Blended-Learning-Szenarien in Verbindung mit oder als Ersatz von Vorlesungen ist kein Allheilmittel (vgl. Abschn. 3.7), da das Selbststudium grundsätzlich anspruchsvoll ist und seine didaktische Gestaltung ausschlaggebend für den Lernerfolg der Studierenden ist. Vorlesungen verlieren in Zuge der Abwägungsprozesse gegenüber dem Lernen und Lehren mit neuen

Medien gerade dann, wenn sie nicht professionell gestaltet werden (Apel 1999b). Daher betrifft die Frage, unter welchen Bedingungen sich die Ergänzung oder Ersetzung von Vorlesungen durch E-Learning und Blended Learning rechtfertigen lässt, in erster Linie unterrichtsplanerische Überlegungen, die wiederum von inhaltlichen und Zielentscheidungen abhängen (Ulrich 2016). Mitunter müssen auch sie bereits bei der Modul- und Studiengangplanung angestellt werden (Steffens und Reiß 2009). So wird der Einsatz von Präsenzlehre vor allem bei Anfänger/inne/n und E-Learning erst mit zunehmendem Wissen und Können der Lernenden empfohlen (Dubs 2019).

Im Zuge überhitzter Diskussionen werden an Vorlesungen häufig diejenigen Aspekte und Ziele kritisiert, die über sie nicht erreicht werden können. Dabei wird vernachlässigt, dass kein Lehrformat existiert, das alle Zieldimensionen von Hochschullehre gleichermaßen erfüllen kann. Da es folglich auch „den" guten Unterricht nicht gibt (Renkl 2015), sollte bei der Gestaltung von Hochschullehre grundsätzlich auf Methodenvielfalt geachtet werden (Webler 2013a). Ferner muss bedacht werden, dass die Ziele guter Hochschullehre nicht eindeutig definiert sind (vgl. Abschn. 1.3). Sie verändern sich mit dem Zeitgeist, technischen Innovationen oder neuen Berufsbildern, weswegen es nicht möglich ist, das Lehrformat abschließend zu bewerten. Dementsprechend sollten Vorlesungen – wie alle anderen Veranstaltungsformate auch – im konkreten Anwendungsfall an ihren Stärken und nicht an ihren Schwächen bemessen werden. Sie sollten nur dann umgestaltet oder ersetzt werden, wenn dies aus didaktischen Gesichtspunkten erforderlich ist. Dabei sollte nicht nur berücksichtigt werden, ob die Probleme, die bisher für Vorlesungen geschildert wurden, in anderen Lehrformaten weniger oder gar nicht auftreten, sondern es muss auch überlegt werden, ob durch den Wechsel des Veranstaltungsformats unerwünschten Nebeneffekte auftreten könnten, die in Vorlesungen nicht in Erscheinung treten. Hierzu geben empirische Erkenntnisse der Lehr-Lern-Forschung wertvolle Hinweise auf Gelingensbedingungen von Lehre, die dazu genutzt werden können, didaktischen Überlegungen abzusichern. Es ist jedoch nicht das Ziel, sie ungeprüft und unreflektiert zu übernehmen (Paier 2017; Schneider und Mustafić 2015).

Empfehlungen zum Vorlesungseinsatz 6

Allen Aspekten, die in den vorigen Kapiteln diskutiert wurden, zeigen die Bedeutung einer guten Didaktik auf. Somit kann in der in der fachlichen und didaktischen Qualifikation der Lehrenden ein notwendiger Faktor dafür gesehen werden, dass Vorlesungen ihre Lernwirksamkeit entfalten können (Glowalla 2008). Hierüber wird die Lehrperson verantwortlich gemacht, bekommt aber auch die Gelegenheit, sich weiterzuentwickeln und wirksam zu fühlen. Denn unter der Voraussetzung, dass die Vorlesung gut umgesetzt wird, ist ihre Akzeptanz unter den Studierenden hoch (Apel 1999a). Dies zeigt sich daran, dass Studierende Vorlesungen im Mittel nicht schlechter bewerten als andere Veranstaltungsformate, aber eine hohe Varianz zwischen einzelnen Veranstaltungen besteht (Flaig et al. 2019a, b), die unter anderem über eine unterschiedlich gute didaktische Umsetzung erklärt werden kann.

Metaanalysen zeigen, dass unabhängig vom Veranstaltungsformat eine sorgfältige Planung von Hochschullehre einen großen Effekt auf den Lernerfolg von Studierenden hat ($d = 1.39$; Schneider und Preckel 2017). Daher sollten Vorlesungen gründlich vorbereitet werden und hierbei die studentischen Lernprozesse und -ergebnisse genau analysiert werden (Gerhard et al. 2015). Evidenzbasierte Lehre zeichnet sich dadurch aus, dass für die intendierten Lehr-Lernprozesse verschiedene didaktische Szenarien entworfen werden und auf der Basis wissenschaftlicher Erkenntnisse für den konkreten Anwendungsfall geprüft werden. Dieser Ansatz stellt einen Kontrapunkt zu institutionell tradierten sowie durch die subjektive Lerngeschichte von Lehrenden erworbenen Auffassungen von guter Lehre dar (Winteler und Forster 2007). Die resultierenden didaktischen Entscheidungen dürfen und sollen vor dem Hintergrund einer spezifischen Fragestellung unterschiedlich ausfallen, da auch die persönlichen Erfahrungen der Lehrenden, die aktuellen Bedürfnisse der Lerngruppe und die institutionellen

N. Enders, *Die klassische Frontalvorlesung im Diskurs*, essentials, https://doi.org/10.1007/978-3-658-31612-9_6

Bedingungen des Lehrens und Lernens im Entscheidungsprozess berücksichtigt werden (Ulrich 2016). Dennoch lassen sich aus den vorigen Kapiteln einige zentrale Handlungsempfehlungen ableiten, die den Einsatz von Vorlesungen betreffen.

Bei der Abwägung der Argumente für oder gegen den Einsatz einer Vorlesung sollte bedacht werden, dass eine hohe Strukturierung besonders bei geringem Vorwissen effektiv ist (Renkl 2015). Daher werden Vorlesungen besonders für Einführungsveranstaltungen und Module, in denen Grundlagenwissen vermittelt wird, empfohlen. In unteren Semestern kann vermutlich kaum auf sie verzichtet werden. Vom Vorlesungseinsatz abzuraten ist insbesondere dann, wenn die zentralen Ziele im Erlernen von prozeduralem Wissen bestehen und/oder der affektiven und psychomotorischen Dimension zuzuordnen sind. Um dies zu erreichen, sind andere methodische Herangehensweisen und Lehrformate besser geeignet.

Da ihre zentrale Stärke im systematischen Aufbau von Grundlagenwissen besteht, sollten Vorlesungen im Zuge der Modul- und Studiengangplanung sinnvoll durch andere Veranstaltungsformate wie Seminare und Tutorien ergänzt, werden in denen andere Zieldimensionen besser bearbeitet werden können (Gerhard et al. 2015). Dies trägt im Sinne eines Spiralcurriculums zur Festigung und Anreicherung des Gelernten bei (Apel 1999b). Zudem kann bereits auf Ebene der Studiengangplanung darauf hingewirkt werden, die Voraussetzungen für den Vorlesungseinsatz zu begünstigen (Reinmann im Druck), indem beispielsweise bei der Modulplanung das Constructive Alignment (Biggs und Tang 2007) berücksichtigt wird. Hierdurch können der Wert einer Vorlesung für Studierende erhöht und Motivationsproblemen indirekt vorgebeugt werden.

Zu Beginn einer Vorlesung sollte Wert auf das Wecken von Neugierde sowie den Aufbau einer Fragehaltung gelegt werden (Webler 2013b). Im Sinne der Erwartungs-x-Wert-Theorien sollten zudem angemessene und realistischen Erwartungen seitens der Studierenden bei einem zugleich hohen Wert der Veranstaltung aufgebaut werden. Hierzu können Lehrende die studentischen Erwartungen sowie den Wert der Veranstaltung in direkter Ansprache adressieren oder indirekt aufzeigen, indem sie beispielsweise die Relevanz des jeweiligen Themas herausstellen (Antosch-Bardohn 2019).

In einem guten Vortrag wird eine kritische Rezeptionshaltung eingefordert und die Emotionen des Publikums werden angesprochen. Dies kann durch eine entsprechende Dramaturgie sowie den Einsatz rhetorischer Mittel erreicht werden (Apel 1999a; Dubs 2006). Dazu müssen Lehrenden über die entsprechenden didaktischen Kompetenzen verfügen oder diese ausbilden (Apel 1999a). Um die

Informationsaufnahme zu erleichtern ist es sinnvoll, die Ziele der Veranstaltung sowie die Verantwortlichkeiten zu Beginn der Veranstaltung zu besprechen.

Geeignete Mittel, um Tiefenverarbeitungsprozesse anzustoßen, bestehen in der Modellierung von Problemlöseprozessen im Sinne des „scholarly behavior" (Bland et al. 2007, S. 10) oder dem Stellen rhetorischer Fragen (Gerhard et al. 2015). Diese können durch flankierende Maßnahmen wie die Reduzierung der Informationsdichte, die Integration von Pausenzeiten sowie den gelegentlichen begründeten Einsatz aktivierender Methoden sinnvoll ergänzt werden. Vom Einsatz aktivierender Methoden ist jedoch dann abzuraten, wenn dies um ihrer selbst willen geschieht (Gerhard et al. 2015).

Ein besonderes Augenmerk sollte dem Umstand gewidmet werden, dass die Lehrenden in Vorlesungen im Vergleich zu anderen Lehrformaten relativ wenig Feedback über die Verarbeitungsprozesse der Lernenden erhalten, das als ein zentrales Element erfolgreicher Lehre identifiziert wurde (Hattie 2014). Vor allem das erfolgreiche Bestehen von (Zwischen-)Prüfungen wirkt sich positiv auf die Motivation von Studierenden aus und befördert ihre Leistungsbereitschaft (Vrabl 2016). Daher sollte darauf geachtet werden, dass bereits im Semesterverlauf unmittelbare Erfolgserlebnisse geschaffen werden (Dubs 2006; Webler 2013b). Alles in allem geht die Vorlesungsvorbereitung so deutlich über eine rein inhaltliche Vorbereitung hinaus, was verdeutlicht, dass sie anspruchsvoll und zeitaufwändig ist.

Zu guter Letzt darf auch daran erinnert werden, dass im Zuge von Überlegungen zur Gestaltung von Hochschullehre häufig vernachlässigt wird, dass Lernen zwar im Idealfall Freude bereitet, aber naturgemäß auch mit Anstrengung verbunden ist. Studierenden, die sich für eine Hochschulausbildung entschieden haben, sind für das Gelingen von Vorlesungen mitverantwortlich. Daher darf von ihnen im Sinne der Weinert'schen (2000) Lernkompetenz (vgl. Abschn. 1.2) auch ein gewisses Maß an Anstrengungsbereitschaft erwartet und eingefordert werden (Winteler 2002b).

Was Sie aus diesem *essential* mitnehmen können

Theoretische und wissenschaftliche Erkenntnisse zu häufigen Kritikpunkten an Vorlesungen und ihren Vorteilen

N. Enders, *Die klassische Frontalvorlesung im Diskurs,* essentials, https://doi.org/10.1007/978-3-658-31612-9

Literatur

Anderson, L. W. & Krathwohl, D. R. (2001). *A taxonomy for learning, teaching, and assessing. A revision of Bloom's taxonomy of educational objectives.* New York: Longman.

Antosch-Bardohn, J. (2019). „Für mein Thema brennen die Studis" – Lernmotivation in der Hochschullehre. *Neues Handbuch Hochschullehre, 89,* 1–18.

Apel, H. J. (1999a). Das Abenteuer auf dem Katheder. Zur Vorlesung als rhetorische Lehrform. *Zeitschrift für Pädagogik, 45*(1), 61–79.

Apel, H. J. (1999b). *Die Vorlesung. Einführung in eine akademische Lehrform.* Köln: Böhlau Verlag.

Armborst-Weihs, K., Böckelmann, C. & Halbeis, W. (2017a). Selbstbestimmt lernen – Selbstlernarrangements gestalten. In K. Armborst-Weihs, C. Böckelmann & W. Halbeis (Hrsg.), *Selbstbestimmt lernen – Selbstlernarrangements gestalten. Innovationen für Studiengänge und Lehrveranstaltungen mit kostbarer Präsenzzeit* (S. 9–15). Münster: Waxmann.

Armborst-Weihs, K., Böckelmann, C. & Halbeis, W. (Hrsg.). (2017b). *Selbstbestimmt lernen – Selbstlernarrangements gestalten. Innovationen für Studiengänge und Lehrveranstaltungen mit kostbarer Präsenzzeit.* Münster: Waxmann.

Bandura, A. (1976). *Lernen am Modell. Ansätze zu einer sozial-kognitiven Lerntheorie.* Stuttgart: Klett.

Bender, C. (2016). Die Vorlesung. Ein Auslaufmodell? *Forschung & Lehre, 8,* 692–694.

Berendt, B. (2000). Was ist gute Hochschullehre? In A. Helmke, W. Hornstein & E. Terhart (Hrsg.), *Qualität und Qualitätssicherung im Bildungsbereich: Schule, Sozialpädagogik, Hochschule. Zeitschrift für Pädagogik, Beiheft 41* (S. 247–260). Weinheim: Beltz.

Biggs, J. B. & Tang, C. (2007). *Teaching for quality learning at university. What the student does* (3rd ed.). Maidenhead: McGraw-Hill Education & Open University Press.

Bland, M., Saunders, G. & Kreps Frisch, J. (2007). In defense of the lecture. *Journal of College Science Teaching, 37*(2), 10–13.

Bligh, D. A. (2000). *What's the use of lectures?* San Francisco: Jossey-Bass.

Bloom, B. S., Krathwohl, D. R. & Masia, B. B. (1984). *Taxonomy of educational objectives. The classification of educational goals. Book 2. Affective Domain.* New York: Longman.

© Der/die Herausgeber bzw. der/die Autor(en), exklusiv lizenziert durch Springer Fachmedien Wiesbaden GmbH, ein Teil von Springer Nature 2020
N. Enders, *Die klassische Frontalvorlesung im Diskurs,* essentials,
https://doi.org/10.1007/978-3-658-31612-9

Bochmann, R., Roepke, A. L. & Rindermann, H. (2019). Mangelnde Anwesenheit in Vorlesungen: eine fächerübergreifende Einschätzung von Studierenden in Deutschland. *die hochschullehre, 5,* 201–222. Zugriff am 25.02.19. Verfügbar unter https://www.hochschullehre.org/wp-content/files/diehochschullehre_2019_Bochmann_etal_Anwesenheit.pdf

Bradbury, N. A. (2016). Attention span during lectures: 8 seconds, 10 minutes, or more? *Advances in Physiology Education, 40*(4), 509–513.

Brandstätter, V., Schüler, J., Puca, R. M. & Lozo, L. (2013). *Motivation und Emotion. Allgemeine Psychologie für Bachelor.* Berlin: Springer.

Brinker, T. & Schumacher, E.-M. (2014). *Befähigen statt belehren. Neue Lehr- und Lernkultur an Hochschulen.* Bern: hep verlag ag.

Cohen, J. (1988). *Statistical power analysis for the behavioral sciences* (2nd ed.). Hillsdale, N.J.: L. Erlbaum Associates.

Craik, F. I. M. & Lockhart, R. S. (1972). Levels of processing: A framework for memory research. *Journal of Verbal Learning and Verbal Behaviour, 2,* 671–684.

Deci, E. L. & Ryan, R. M. (1993). Die Selbstbestimmungstheorie der Motivation und ihre Bedeutung für die Pädagogik. *Zeitschrift für Pädagogik, 39*(2), 223–238.

Dubs, R. (2006). *Die Vorlesung. Grundlegung und praktische Hinweise* (Hochschuldidaktische Schriften, Bd. 8). St. Gallen: Institut für Wirtschaftspädagogik.

Dubs, R. (2019). *Die Vorlesung der Zukunft. Theorie und Praxis der interaktiven Vorlesung.* Opladen: utb.

Enders, N. & Aßmann, M. (2016). Bearbeitung von semesterbegleitenden Aufgaben als Möglichkeit zur Erbringung einer Studien- und/oder Prüfungsleistung in Hochschulseminaren. *HDS Journal, 1/2016,* 28–32. Zugriff am 09.05.16. Verfügbar unter https://ul.qucosa.de/fileadmin/data/qucosa/documents/20260/hds_jounal_I_2016-2.pdf

Europäische Gemeinschaft. (2015). *ECTS-Leitfaden.* Luxembourg: Amt für amtliche Veröffentlichungen der europäischen Gemeinschaften. Zugriff am 24.01.2020. Verfügbar unter https://ec.europa.eu/education/ects/users-guide/docs/ects-users-guide_de.pdf

Faulstich, P. (2017). Selbstbestimmung und Professionalität als Schlüsselbegriffe der Erwachsenenbildung. In K. Armborst-Weihs, C. Böckelmann & W. Halbeis (Hrsg.), *Selbstbestimmt lernen – Selbstlernarrangements gestalten. Innovationen für Studiengänge und Lehrveranstaltungen mit kostbarer Präsenzzeit* (S. 17–25). Münster: Waxmann.

Fendler, J. & Gläser-Zikuda, M. (2013). Angebot und Nachfrage hochschuldidaktischer Weiterbildung. Eine Bestandsaufnahme an deutschen Hochschulen. *Empirische Pädagogik, 27*(2), 164–182.

Flaig, M., Heltemes, T., Lendermann, K. & Schneider, M. (2019a, März). *What's the Use of Lectures? Eine Meta-Analyse.* Vortrag auf der 48. Jahrestagung der deutschen Gesellschaft für Hochschuldidaktik (dghd), Leipzig.

Flaig, M., Heltemes, T., Lendermann, K. & Schneider, M. (2019b, August). *What's the use of Lecures? A Meta-Analysis.* Vortrag auf der 18. Konferenz der European Association for Research on Learning and Instruction (EARLI) 2019, Aachen.

Freeman, S., Eddy, S. L., McDonough, M., Smith, M. K., Okoroafor, N., Jordt, H. et al. (2014). Active learning increases student performance in science, engineering, and mathematics. *Proceedings of the National Academy of Sciences of the United States of America, 111*(23), 8410–8415.

Gerhard, D., Heidkamp, P., Spinner, A., Sommer, B., Sprick, A., Simonsmeier, B. A. et al. (2015). Vorlesung. In M. Schneider & M. Mustafić (Hrsg.), *Gute Hochschullehre: Eine evidenzbasierte Orientierungshilfe. Wie man Vorlesungen, Seminare und Projekte effektiv gestaltet* (S. 13–38). Berlin: Springer.

Gerholz, K.-H. (2017). Der Weg zu selbstreguliertem Lernen als didaktische Herausforderung. In K. Armborst-Weihs, C. Böckelmann & W. Halbeis (Hrsg.), *Selbstbestimmt lernen – Selbstlernarrangements gestalten. Innovationen für Studiengänge und Lehrveranstaltungen mit kostbarer Präsenzzeit* (S. 27–37). Münster: Waxmann.

Glowalla, U. (2008). Vorlesung und E-Lecture – eine gelungene Symbiose. In G. D. Rey & T. Wehr (Hrsg.), *Kognitive Psychologie. Ausgewählte Grundlagen- und Anwendungsbeispiele.* (109–127). Lengerich: Pabst.

Gräsel, C. (2015). Kommentar zu: Drei Dogmen des guten Lernens und Lehrens von Alexander Renkl. *Psychologische Rundschau, 66*(4), 224–226.

Gräsel, C. & Gniewosz, B. (2011). Überblick Lehr-Lernforschung. In H. Reinders, H. Ditton, C. Gräsel & B. Gniewosz (Hrsg.), *Empirische Bildungsforschung. Gegenstandsbereiche* (S. 15–20). Wiesbaden: VS Verlag für Sozialwissenschaften.

Gruber, T. (2011). *Gedächtnis.* Wiesbaden: VS Verlag für Sozialwissenschaften.

Gudjons, H. (2007). *Frontalunterricht – neu entdeckt. Integration in offene Unterrichtsformen* (2. Aufl.). Bad Heilbrunn: Klinkhardt.

Harrow, A. J. (1972). *A taxonomy of the psychomotor domain. A guide for developing behavioral objectives.* New York: David McKay.

Hasselhorn, M. (2010). Metakognition. In D. H. Rost (Hrsg.), *Handwörterbuch pädagogische Psychologie* (4., überarb. und erw. Aufl., S. 541–547). Weinheim: Beltz.

Hasselhorn, M. & Gold, A. (2013). *Pädagogische Psychologie. Erfolgreiches Lehren und Lernen* (3., vollständig überarbeitete und erweiterte Auflage). Stuttgart: Kohlhammer.

Hattie, J. (2014). *Lernen sichtbar machen* (2., korrigierte Aufl.). Baltmannsweiler: Schneider-Verlag Hohengehren.

Heckhausen, H. & Gollwitzer, P. M. (1987). Thought contents and cognitive functioning in motivational versus volitional states of mind. *Motivation and Emotion, 11*(2), 101–120.

Hühne, M., Schumacher, E.-M. & Tenti, O. (2010). Von der klassischen Vorlesung zur Großgruppenveranstaltung. Informatikstudierende lernen in einer integrierten Lernumgebung das Fach Rechnernetze. In B. Behrendt, H.-P. Voss & J. Wildt (Hrsg.), *Neues Handbuch Hochschullehre* (E 2.7, S. 1–22). Berlin: Raabe.

Kerres, M., Witt, C. de & Stratmann, J. (2003). E-Learning. Didaktische Konzepte für erfolgreiches Lernen. In K. Schwuchow von & J. Gutmann (Hrsg.), *Jahrbuch Personalentwicklung und Weiterbildung* (S. 1–14). Neuwied: Luchterhand.

Klauer, K. J. & Leutner, D. (2012). *Lehren und Lernen. Einführung in die Instruktionspsychologie* (2. Aufl.). Weinheim: Beltz.

Krapp, A. (1992). Konzepte und Forschungsansätze zur Analyse des Zusammenhangs von Interesse, Lernen und Leistung. In A. Krapp & M. Prenzel (Hrsg.), *Interesse, Lernen, Leistung. Neuere Ansätze der pädagogisch-psychologischen Interessenforschung* (S. 9–52). Münster: Aschendorff.

Landmann, M. & Schmitz, B. (Hrsg.). (2007). *Selbstregulation erfolgreich fördern. Praxisnahe Trainingsprogramme für effektives Lernen* (1. Auflage). Stuttgart: Verlag W. Kohlhammer.

Lehmann, B. (2016). Die Vorlesung im Zeitalter ihrer technischen Reproduzierbarkeit. Ein Versuch. In T. E. Zimmermann, W. Jütte & F. Horváth (Hrsg.), *Arenen der Weiterbildung* (101–119). Bern: hep Verlag.

Lehmann, R. (2014). Der Einfluss verschiedener Vorlesungsvarianten auf den Lernerfolg – Erkenntnisse aus einem Feldversuch. *Empirische Pädagogik, 28*(3), 246–258.

Liebig, V. (2010). Die selektive Vorlesung. Effizienz und gemeinsame Verantwortung für die Lernzielerreichung von Lehrenden und Lernenden. In B. Behrendt, H.-P. Voss & J. Wildt (Hrsg.), *Neues Handbuch Hochschullehre* (E 2.6, S. 1–16). Berlin: Raabe.

Marton, F. & Säljö, R. (1984). Approaches to learning. In F. Marton, D. Hounsell & N. Entwistle (Eds.), *The experience of learning* (pp. 36–55). Edinburgh: Scottish Academic Press.

Mayrberger, K. (2011). E-Learning verbindet – Lehren und Lernen mit digitalen Medien zwischen fachbezogener und fachübergreifender Hochschuldidaktik. In I. Jahnke & J. Wildt (Hrsg.), *Fachübergreifende und fachbezogene Hochschuldidaktik* (Blickpunkt Hochschuldidaktik – Band 121, 1. Aufl., S. 147–156). Bielefeld: Bertelsmann.

Metzger, C. (2011). Studentisches Selbststudium. In R. Schulmeister & C. Metzger (Hrsg.), *Die Workload im Bachelor: Zeitbudget und Studierverhalten. Eine empirische Studie* (S. 237–275). Münster: Waxmann.

Paier, D. (2017). Was kann die hochschuldidaktische Forschung der Lehrpraxis sagen? Aktuelle Entwicklungen der hochschuldidaktischen Forschung. In Fachhochschule des BFI Wien Gesellschaft m. b. H. (Hrsg.), *Didaktik, Organisation und wirtschaftliches Risiko* (Wirtschaft und Management. Schriftenreihe zur wirtschaftswissenschaftlichen Forschung und Praxis, S. 7–26). Wien: Fachhochschule des BFI Wien.

Pant, H. A. (2014). Aufbereitung von Evidenz für bildungspolitische und pädagogische Entscheidungen: Metaanalysen in der Bildungsforschung. *Zeitschrift für Erziehungswissenschaft, 17*(4), 79–99.

Prince, M. (2004). Does Active Learning Work? A Review of the Research. *Journal of Engineering Education, 93*(3), 223–231.

Reinmann, G. (im Druck). Die Vorlesung in der Hochschuldidaktik. In R. Egger & B. Eugster (Hrsg.), *Lob der Vorlesung. Über die Einheit von Forschung und Studium.* Wiesbaden: Springer.

Renkl, A. (2015). Drei Dogmen guten Lernens und Lehrens. Warum sie falsch sind. *Psychologische Rundschau, 66*(4), 211–220.

Renkl, A. (2016). Lehren und Lernen. In T. E. Zimmermann, W. Jütte & F. Horváth (Hrsg.), *Arenen der Weiterbildung* (S. 737–751). Bern: hep Verlag.

Rummler, M. (2014a). Große Lerngruppen in Vorlesungen und anderen Massenveranstaltungen. In M. Rummler (Hrsg.), *Vorlesungen innovativ gestalten. Neue Lernformen für große Lerngruppen* (S. 14–36). Weinheim: Beltz.

Rummler, M. (Hrsg.). (2014b). *Vorlesungen innovativ gestalten. Neue Lernformen für große Lerngruppen.* Weinheim: Beltz.

Schiefele, U. & Schaffner, E. (2011). Lernmotivation. In S. T. Brandt (Hrsg.), *Lehren und Lernen im Unterricht* (Professionswissen für Lehrerinnen und Lehrer, Bd. 2, S. 11–40). Baltmannsweiler: Schneider Verlag Hohengehren.

Schladebach, M. (2019). Die Massenvorlesung als didaktische Herausforderung. In H. Astleitner, I. Deibl, O. Lagodny, P. Warto & J. Zumbach (Hrsg.), *Rechtsdidaktik zwischen*

Theorie und Praxis. 2. Fachtagung Rechtsdidaktik in Österreich (Schriften zur rechtswissenschaftlichen Didaktik, Band 13, 1. Auflage, S. 109–125). Baden-Baden: Nomos. Verfügbar unter https://www.nomos-elibrary.de/10.5771/9783845294681-109.pdf

Schmidt, B. (2007). 100 Stunden pro Jahr - Kompetenzentwicklung am „Arbeitsplatz Hochschule" aus der Sicht junger wissenschaftlicher Mitarbeiter/innen. *Zeitschrift für Hochschulentwicklung, 2*(3), 21–40.

Schneider, M. & Mustafić, M. (2015). Hochschuldidaktik als quantitativ-empirische Wissenschaft. In M. Schneider & M. Mustafić (Hrsg.), *Gute Hochschullehre: Eine evidenzbasierte Orientierungshilfe. Wie man Vorlesungen, Seminare und Projekte effektiv gestaltet* (S. 1–12). Berlin: Springer.

Schneider, M. & Preckel, F. (2017). Variables associated with achievement in higher education: A systematic review of meta-analyses. *Psychological Bulletin, 143*(6), 565–600.

Schulmeister, R. (2015). *Abwesenheit von Lehrveranstaltungen. Ein nur scheinbar triviales Problem.* Zugriff am 10.05.2017. Verfügbar unter https://www.campus-innovation.de/fileadmin/dokumente/Schulmeister_Anwesenheit__Abwesenheit__2_.pdf

Seifried, E. & Spinath, B. (in press). Using formative self-assessment to improve teaching and learning in educational psychology courses. In E. Landrum, C. Hakala & S. Nolan (Eds.), *Assessment: Individual, Institutional, and International Approaches.* APA books.

Seifried, E., Bosch, E. & Spinath, B. (2019, August). *Short-term changes in preservice teachers' intrinsic motivation in an educational psychology lecture program. Presentation at the 18th Conference of the European Association for Research on Learning and Instruction (EARLI),* Aachen.

Siebert, H. (2014). Lehren und Lernen aus konstruktivistischer Sicht. In R. Egger, D. Kiendl-Wendner & M. Pöllinger (Hrsg.), *Hochschuldidaktische Weiterbildung an Fachhochschulen. Durchführung – Ergebnisse – Perspektiven* (S. 49–68). Wiesbaden: Springer VS.

Spinath, B. & Seifried, E. (2018). Was brauchen wir, um solide empirische Erkenntnisse über gute Hochschullehre zu erhalten? *Zeitschrift für Hochschulentwicklung, 13*(1), 153–168.

Steffens, D. & Reiß, M. (2009). Blended Learning in der Hochschullehre. Vom Nebeneinander der Präsenzlehre und des E-Learning zum integrierten Blended Learning-Konzept. *Das Hochschulwesen, 4,* 115–123.

Svinicki, M. D. & McKeachie, W. J. (2014). *McKeachie's teaching tips. Strategies, Research, and Theory for College and University Teachers.* Wadsworth: Cengage Learning.

Tausch, R. & Tausch, A.-M. (1973). *Erziehungspsychologie. Psychologische Prozesse in Erziehung und Unterrichtung* (7. Aufl.). Göttingen: Hogrefe.

Ulrich, I. (2016). *Gute Lehre in der Hochschule.* Wiesbaden: Springer.

Urhahne, D. (2008). Sieben Arten der Lernmotivation. Ein Überblick über zentrale Forschungskonzepte. *Psychologische Rundschau, 59*(3), 150–166.

Voss, H.-P. (2002). Die Vorlesung. Probleme einer traditionellen Veranstaltungsform und Hinweise zu ihrer Lösung. In B. Behrendt, H.-P. Voss & J. Wildt (Hrsg.), *Neues Handbuch Hochschullehre* (E 2.1). Berlin: Raabe.

Vrabl, O. (2016). Aufgaben- und Leistungsmotivation. Wie kann verhindert werden, dass Studierende in der Lehre und durch die Lehre demotiviert werden? *Das Hochschulwesen, 5+6,* 159–162.

Webler, W.-D. (2013a). Die Vorlesung – eine ausbaufähige Lernveranstaltung (I). Herzstück der Hochschullehre? Relikt des Mittelalters? Rückständig oder modern? Oder gar strategisches Mittel der Qualitätssicherung des Studiums? *Das Hochschulwesen, 61*(3), 82–94.

Webler, W.-D. (2013b). Die Vorlesung – eine ausbaufähige Lernveranstaltung (II). Optimierung frontaler, darbietender Lehrmethodik als Didaktik (zu) großer Lehrveranstaltungen – und Ablösung der Vorlesung durch Alternativen. *Das Hochschulwesen, 61*(4), 129–145.

Webster, R. S. (2015). In defence of the lecture. *Australian Journal of Teacher Education, 40*(10), 88-105.

Weinert, F. E. (2000, Februar). *Lehren und Lernen für die Zukunft - Ansprüche an das Lernen in der Schule.* Vortrag, gehalten am 29.2.2000 im Pädagogischen Zentrum Rheinland-Pfalz, Bad Kreuznach. Zugriff am 12.09.2019. Verfügbar unter https://www2.ibw.uni-heidelberg.de/~gerstner/WeinertLehren&Lernen.pdf

Weinstein, C. E. & Mayer, R. E. (1986). The teaching of learning strategies. In M. C. Wittrock (Ed.), *Handbook of research on teaching* (pp. 315–327). New York: Macmillan.

Wiechmann, J. (2011). Frontalunterricht. In J. Wiechmann (Hrsg.), *Zwölf Unterrichtsmethoden. Vielfalt für die Praxis* (5., überarbeitete Auflage, S. 24–38). Weinheim: Beltz.

Wilson, K. & Korn, J. H. (2007). Attention during lectures: Beyond ten minutes. *Teaching of Psychology, 34*(2), 85–89.

Winteler, A. (2002a). Lehrqualität = Lernqualität? (Teil 2). Über Konzepte des Lehrens und die Qualität des Lernens. *Das Hochschulwesen, 50*(3/2002), 82–89.

Winteler, A. (2002b). Lehrqualität = Lernqualität? Über Konzepte des Lehrens und die Qualität des Lernens (Teil 1). *Das Hochschulwesen, 50*(2/2002), 42–49.

Winteler, A. & Forster, P. (2007). Wer sagt, was gute Lehre ist? Evidenzbasiertes Lehren und Lernen. *Das Hochschulwesen, 55*(4), 102–109.

Würffel, N. (2017). Gestaltung von Selbstlernphasen in Blended-Learning-Kursen. Was gibt es zu bedenken? In K. Armborst-Weihs, C. Böckelmann & W. Halbeis (Hrsg.), *Selbstbestimmt lernen – Selbstlernarrangements gestalten. Innovationen für Studiengänge und Lehrveranstaltungen mit kostbarer Präsenzzeit* (S. 125–134). Münster: Waxmann.